오늘은 감정 연차 쓰겠습니다

아 린

프롤로그 004

1장
기분이 결근한 날
기분이 결근한 날 008
새로운 존재는 어둡다 014
놓지 말아야 할 끈 018
감정이 바다 끝으로 갔다 028

2장
오늘은 감정 연차 쓰겠습니다
오늘은 감정 연차 쓰겠습니다 036
퇴원이라는 내 소원 042
룸메이트의 편지 044
감정의 기록 일기장 050
감정의 기록 두 번째 일기장 060

3장
감정이 고장 났을 때
감정이 고장 났을 때 068
두 번 다시 없을 파산이란 단어 070
처음부터 다시 시작하는 삶 074
그렇게 난 또다시 082

목차

4장

무감정에도 살아야 하니까
무감정에도 살아야 하니까 092
무너짐의 징조 094
참 쉬운 나의 절망들 098
그리고 결정하다 104

5장

버티다 무너졌고, 무너져서 다시 살아졌다
버티다 무너졌고, 무너져서 다시 살아졌다 114
내가 죽으려고 했던 건 118
아빠와의 첫 충돌 122
깨달음이라는 감정 128
부모님이라는 존재 132

6장

모든 것들은 떠나고 돌아온다
모든 것들은 떠나고 돌아온다 140
단약의 부작용 144
다시 병원으로 출근하는 날 150
햇볕을 따라서 158
사랑하는 회사에서 퇴사했다 162

에필로그 168

프롤로그

어느 날, 출근을 준비하며 거울 앞에 선 내 얼굴이 낯설게 느껴졌다.

화장도 했고, 머리도 매만졌고, 억지로 인상도 펴보았지만
여전히 침대 위에 누워 있는 듯했다.

몸은 출근을 향해 나아가는데
감정은 끝내 따라오지 못한 날이었다.

그럼에도 나는 아무 일 없는 듯 회의에 앉아 있었고
평소처럼 웃으며 농담도 주고받았다.
하루가 그렇게 흘러갔다.

아무도 몰랐다.
내 감정은 하루 종일 결근했다는 걸

어떻게든 버티는 삶을 '성실'이라 착각했고
감정을 방치하는 것을 '강함'이라 믿었다.
그렇게 쌓인 날들 속에서 천천히 나는 나를 잃어갔다.

그러다 비로소 깨달았다.
감정에게도 연차가 필요하다는 것을.

기계처럼 살아온 일상에서
단 한 번도 감정에게 휴가를 내주지 않았던 나.
이제는 조금의 여유를 선물하고 싶었다.

그래서 이제는 이렇게 말해보려고 한다.

"오늘은 감정 연차 쓰겠습니다."

구석에서 매일 짓눌려 지낸 마음에게

이제 쉬어도 괜찮아
버티지 않아도 괜찮아
다시 행복해져도 괜찮아.

이 책은 스스로에게 감정 연차를
처음 허락한 그날부터의 기록이다.

죽고 싶었던 날에서
다시 살고 싶다고 느낀 순간까지

내 마음이 나에게 되돌아오던 여정을 담았다.

1장

기분이 결근한 날

기분이 결근한 날
감정들은 매일 출근하지 않는다.

서울의 오래된 골목. 세월이 구불구불 새겨진 길을 따라 걷다 보면 가만히 서 있는, 나무색이 바래진 문을 하나를 만나게 된다. 정확한 이름조차 알 수 없는 간판. 10평 남짓한 작은 카페. 나는 그곳의 주인이었다. 매일 아침 조용히 커튼을 걷고, 밤이면 마음까지 내려앉은 유리문을 천천히 닫았다. 손님이 있든 없든 그 자리를 지키고 있던 건, 카페가 아니라 매일 조금씩 지치고 있었던 나의 마음이었다. 아무 일도 일어나지 않았지만, 반복적인 일상이 나를 가장 힘들게 했다. 지금 생각해 보면 그때부터 감정 연차가 필요했던 건지도 모르겠다.

 카페를 운영한다는 건 생각보다 더 고된 일이었다. 하루 종일 사람들을 마주하고, 손과 발은 끊임없이 움직여야 했다. 작은 리뷰 하나에도 노심초사하게 되고, 여러 유형의 손님들이 버겁게 느껴졌다. 매일 조용히 꿈틀거리는 감정들을 꾹꾹 눌러 담은 채, 아무렇지 않은 척 지냈다. 카페 안에서 보내는 반복되는 일상에서 난, 마치 세상에서 지워진 사람 같았다. 설렌 꿈을 안고 시작한 카페는 이제, 거칠고 차갑게만 느껴졌다. 손님들의 날이 서 있는 말투와 차가운 표정들. 그 속에서 끝까지 침묵과 미소로 버텨야 했던 시간들이, 하루하루 쌓이면서 작은 표정과 손짓에도 상처받고 예민하게 반응하게 되었다. 그런 모습에 가장 괴로웠던 사람은 바로 나였다.

 손님들을 마주치는 게 싫었다. 그 눈빛을 똑바로 마주보기가 무서웠다. 내가 아직도 잊지 못하는 날이 있다. 그 날은 정말 평범한 날이었다. 손님이 뜸할 무렵 한 아이와 아이의 엄마가 매장에 들어섰다. 아이는 한눈에 봐도 활달했고, 아이 엄마는 휴대전화를 붙잡은 채 시선을 아이에게 두지 않았다. 나는 평소처럼 인사를 건네고 음료를 만들기 시작했다. 그리고 그 사이, 무언가 '쨍'하고 부서지는 소리가 매장에 울려 퍼졌다. 순간 심장이 멎는 줄 알았다. 고개를 돌리자, 매장 한쪽 조명이 깨져 바닥에 떨어져 있었다. 그 앞에 아이는 멍하니 서 있었고 아이 엄마는 여전히 휴대전화를 보고 있었다. 당황스럽고 혼란스러웠지만 최대한 침착하게 다가갔다. 조명을 살펴보니 생각보다 큰 금이 가 있었고 유리 일부가 산산조각 나 있었다. 조심스럽고 정중하게 아이 엄마에게 다가가 말을 꺼냈다.

"정말 죄송하지만, 조명이 깨진 것 같아요. 고쳐보고 혹시 일정 금액 이상이 나온다면 다시 연락드려도 될까요?"

 말하는 내내 가슴이 떨렸다. 이렇게 말하는 게 과연 맞는 걸까? 누가 봐도 아이가 장난을 치다 일어난 일이라는 건 명백했지만 고객이라는 이유만으로 을이 되어야하는 현실이 뇌리를 스쳤다. 하지만 내 작은 매장에서 나의 사비로 매달 감당해야 하는 비용들 앞에서 더는 작아질 수 없었다. 조명 하나를 교체하는 일은 단순한 문제가 아니었다. 놀랍게도 아이 엄마의 반응은 생각보다 훨씬 날카로웠다.

"뭐라고요? 애가 그런 건데 그걸 돈을 받아요? 애가 그럴 수도 있는 거 아닌가요?"

 그 말과 함께 그녀는 마시고 있던 음료를 번쩍 들더니, 순식간에 내가 있는 곳을 향해 내던졌다. 음료는 사방으로 튀었고, 카운터는 끈적한 액체로 흥건해졌으며, 앞치마와 옷은 흠뻑 젖었다. 손이 떨렸고, 눈앞이 흐려졌다. 매장에 있던 모든 손님이 한순간 나를 쳐다봤다. 수치심과 창피함이 몰려들어 얼굴이 붉게 물들기 시작했고, 말문이 막혀 아무 말도 하지 못했다. 그저 멍하니 그녀가 아이의 손을 잡고 매장을 떠나는 뒷모습을 바라볼 수밖에 없었다. 문이 닫히는 소리가 지나고 나서야 고개를 푹 숙였다. 너무나 비참하고 창피했다. 시간이 많이 지난 지금도 그 장면만큼은 머릿속에서 지워지지 않는다. 그녀의 날카로운 눈빛과 던져진 음료. 카운터에 튄 액체의 온도까지도 생생히 기억난다. 나에겐 그만큼 큰 충격이었다.

하루가 지날수록 점점 손님들의 발걸음 소리에 예민해졌다. 문이 열릴 때마다 심장이 쿵 내려앉았고, 어린아이의 웃음소리만 들어도 긴장이 엄습했다. '혹시 또, 무슨 일이 생기진 않을까?' 하는 불안이 지배하기 시작했다. 손님들의 사소한 불평에도 가슴이 덜컥 내려앉고, 툭 하고 치고 가는 날이 선 말투 속에선 꾹꾹 차오르는 감정들을 눌러 담아야 했다. 새로운 조명을 다는 것으로 끝나는 일이 아니었다. 나라는 존재의 자존심, 내 공간을 지키려는 용기 그리고 손님과의 관계에 있어서 나는 어디있는가에 대한 깊은 고민과 작은 분열들에 시작이었다.

그때부터 내 마음속 감정은 점점 흔들리기 시작했다. 불면증이 찾아왔고, 입맛을 잃었다. 매장 문을 여는 게 두려웠고, 문을 닫고 돌아가는 길은 항상 쓸쓸했다. 이 모든 게 한때 그토록 꿈꿨던 '카페 운영'이라는 이름의 현실이었다. 사랑하는 공간이었다. 내 이름을 걸고 처음 세운 작은 세계. 하지만 어느 순간부터 그 공간이 나를 조금씩 파괴하고 있다는 생각이 스며들었고 '나' 자체를 잃어가고 있었다. 그 와중에 가장 고통스러웠던 건 단순한 숫자들이었다. 하루 매출, 이번 달 임대료, 다음 달 원두비. 모든 것이 숫자로 계산되었고 이 숫자들은 매일 같이 조용히 갉아먹는 주문처럼 내 가슴을 옥죄어 왔다.

"오늘은 매출이 얼마야?"
"손님은 몇 명이야?"

"통장에 남은 잔액은?"

 누가 묻지 않아도 매일 아침 숫자들은 나를 먼저 불렀다. 얼마나 열심히 일했는지는 중요하지 않았다. 손님이 웃었는지도 커피 맛이 어땠는지도 그 어떤 감정도 숫자 앞에서는 소리 없는 잉크처럼 지워졌다. 모든 것이 매출로 내 존재의 의미가 환산되기 시작했다. '카페 사장'이라는 말은 점점 빛나는 직함이 아닌, 내 마음을 찍어 누르는 낙인처럼 느껴졌다. 아무에게도 말하지 못했지만, 그렇게 나는 조용히 그리고 꾸준히 무너지고 있었다. 모든 게 버거웠다. 카페도, 사람도, 나 자신까지도.

 그 시기 나는 세상으로부터 조용히 물러나 있었다. 손님들과의 관계는 조심스러웠고, 매일 반복되는 일상은 무미건조했다. 마음속 깊은 곳에서 끓어오르는 불안과 두려움을 누구에게도 쉽게 털어놓을 수 없었다. 그럼에도 불구하고 나에겐 단 하나의 희망이었던 위안이 되어준 존재가 있었다. 바로, 소중한 남자친구였다.

혼자 있는 것이 두려운 사람들은
항상 누군갈 찾곤 한다.

그래야 마음이 편해지니까.
하지만 자신이 주인공이 되면 세상이 달라질 것이다.

자꾸만 누군가를 찾아 헤매던 이유는
자가 자신을 아직 안아주지 못했기 때문일지도 모른다.

오늘 하루는
혼자 있어도 괜찮은 사람이 되어보자.
불안하더라도, 그건 연습이니까.

새로운 존재는 어둡다

언제나 누군가를 만나는 것은 새롭다.
그 끝은 어떨지 모르겠지만.

우리가 처음 만난 건 친구의 소개였다. 누군가를 새로 만날 마음의 여유가 없던 시기였다. 마음속의 병을 스멀스멀 앓기 시작했고, 정신과 약도 복용하던 때였다. 하지만 그는 그 어떤 허락도 없이 내 마음속으로 스며들었다. 처음엔 가볍게 흘려보내려 했다. 이런 감정은 금방 지나가겠지, 하고 하지만 시간이 흐를수록 나는 조심스럽게 그에게 기대고 있었다. 문득 그런 내가 무서워졌다.

'혹시 내가 짐이 되진 않을까?'
'이 사람까지 상처 주게 되면 어떡하지?'

 그런 불안이 밤처럼 조용히 찾아왔다. 마음이 더 힘들어진 건 어쩌면, 내 걱정처럼 그에게 너무 많이 기댔기 때문이었을지도 모른다. 카페의 무게, 점점 무너지는 정신, 사라지지 않는 불안과 공황 속에서 혼자서는 하루를 버티기 어려웠으니까. 그러니까, 그때 나에게 온 그는 내 작은 희망이었다. 시간이 지나면서 그에게 더 많은 짐을 안겼다. 어느 순간부터 나는 그에게 더는 의지가 아닌 매달림이 되어 있었다. 스스로도 알 수 없을 만큼 감정이 몰려 있었다. 하지만 그에게도 지친 하루들이 있었다는 사실을 너무 늦게야 알게 되었다. 한숨이 잦아지고 전화받는 속도가 느려졌을 때조차 그저 피곤한 줄로만 알았다. 그리고 어느 날, 그가 조용히 꺼낸 말은 차갑지도 않았고, 화를 담고 있지도 않았다. 그저 단단하고 조용히 아팠다.

"이제는 좀 혼자서 버텨야 하지 않을까."

 그 말은 예고 없이 심장을 통과하는 차가운 바늘 같았다. 그가 천천히, 조용히 내 삶에서 걸어 나가고 있다는 걸 느끼면서도 애써 외면했다. 그렇게 그의 한숨을 외면한 채, 나는 매일 작고 사소한 일들을 그에게 털어 놓으며 개운해졌다. 그리고 마침내 그는 낮은 목소리로 내게 말했다.

"우리 그만하자."

 짧고 차가웠다. 그 한마디로 우리의 모든 시간은 끝이 났다. 이유는 이미 알고 있었다. 이별의 이유는 명확했으니까. 나는 그에게 너무 많은 짐이 되어버렸다. 믿고 싶진 않았지만, 그의 입에서 끝을 들으니 그제야 현실을 직시했다. 하지만 내 마지막 끈이었던 그를 쉽게 포기할 수 없었다.

"가지 마, 제발. 지금 나한테 너밖에 없어."

 정말이지 필사적으로 매달렸다. 그 순간만큼은 그가 없으면 숨 쉴 이유도 없을 것 같았다. 하지만 그에게 나는 이미 지워져 있는 사람이었다. 아무리 손을 뻗어도 닿지 않는 구름 같았고, 멀리 떠나는 별 같았다. 너무나 조용히 그리고 완벽히 그는 내 곁에서 사라졌다. 그가 사라지는 데는 단 5초면 충분했다.

#2

소리조차 없이 어느새 내 삶에 누군가 같이 살아간다.

그건 형태도 색상도 냄새도 없다.
보이지 않아 답답했고, 너로 인해 내 인생이 망가졌다.

형태로 따지자면 너는 아마
날카롭게 벼린 칼날 수천 개가 서로 엉켜있고
스치기만 해도 내 살갗은 너덜너덜 찢어지겠지.

그리고 그 상처에서는
수많은 피가 흐르는 그런 모양새겠고
색으로 보자면 너는 어둠보다 더 짙은
시꺼멓게 탄 암흑색이야.

희망 같은 건 그 어디에도 없지
나도 몰랐는데 그게 너였어, 바로 우울.

이제부터 나랑 힘겨운 싸움을 하겠지.

누군가 이기는 날이면, 단 하나만 남게 될 거야.

너 아니면 나.

놓지 말아야 할 끈

놓지 말아야 할 끈이 있다면,

그걸 지켜내는 게 최선일까 아니면 최악일까

그날은 평소보다 조금 일찍 마감 청소를 하고, 매장의 불을 모두 끈 뒤 우뚝 선 상태로 창문 밖을 바라보고 있었다. 그 속에서 길을 걷는 사람들과 나 사이 어색한 이질감이 느껴졌다. 바로 그 순간이었다. 그 몇 분 사이 설명할 수 없는 강한 충동에 휩싸였다. 내가 무슨 생각을 하는지도 몰랐다. 감정이 점점 몸을 지배했고, 결국 '이대로 끝내야겠다'라는 생각으로 가득 찼다. 심장은 거세게 뛰었고, 손은 땀에 젖었다. 아무것도 통제할 수 없었다. 오직 하나의 생각만이 또렷하게 남아 있었고, 그 생각은 현실처럼 생생했다.

'오늘이 마지막일지도 몰라.'

 그런데 이상하게도 두렵지 않았다. 오히려 그 생각이 나를 안정시켰다. 이 고통에서 벗어날 수 있다는 것. 더 이상 아프지 않아도 된다는 것. 지긋지긋한 이 카페를 운영하지 않아도 된다는 것과 나를 몹시 힘들게 했던 그 사람을 다시는 마주치지 않을 수 있다는 것. 그런 생각들이 내 몸을 감쌌다. 아주 차분하게, 그리고 아주 치밀하게 계획을 세우기 시작했다. 카페 창고로 들어가 핸드폰을 꺼내 들었다. 지도 앱을 열어 서울의 여러 대교를 검색했다. 한강 대교, 마포 대교, 성수 대교. 사람들이 많은 곳은 피하고 싶었다. 아무도 나를 발견하지 못하도록. 누구의 방해도 받지 않도록.

 이어폰을 챙겨 나와 조용히 귀에 꽂았다. 작은 노래 한 곡이 흘러나오는 사이 택시에 몸을 실었다. 아무 말 없이 눈물만 흘렀다. 밤공기는 생각보다 훨씬 더 차가웠고, 창밖으로 스쳐 지나가는 도심의 불빛과 사람들의 소리가 등 뒤에서 희미하게 들려왔다. 울고 있는 내 모습이 스스로도 낯설고 왠지 가엾게 느껴졌다.

'고작 그 사람이 떠나갔다는 것 때문에?'
'고작 카페 운영이 힘든 것 때문에?'

 스스로를 책망하는 마음이 눈물과 함께 억지로 올라왔지만, 이미 감정은 무너지기 시작한 뒤였다. 결국 그날, 돌아올 수 없는 선을 넘고 있었다. 모든 건 마음속에서 이미 결정되고 난 후였다.

#3

봄이다. 딱 이맘때쯤 날씨가 세상에서 가장 좋다.
그런데 왜 이렇게 찬 기운이 몸 안을 파고드는 걸까.

사람들은 꽃이 핀다고 웃고, 햇살이 따뜻하다고 기뻐하지만,
내 안의 계절은 아직 겨울이다.

겨울에 태어났지만, 겨울을 싫어하는 이유는 어쩌면 단순하다.
너무 추워서 죽을 용기도 나지 않으니까.

세상이 이렇게 찬란한데,
왜 이토록 투명하게 사라지고 싶을까.

바람이 불었다. 강물은 잔잔했지만 내 마음은 그렇지 않았다.
차가운 바람이 뺨을 스칠 때마다, 무너진 감정들이 터져 나왔다.

한강의 바람이 얼굴을 스친다.
잔잔한 강물은 오늘따라
너무 평화롭고, 그래서 더 잔인하다.
발끝이 난간에 닿는 순간,

그저 한 걸음이면 모든 것이 끝날 줄 알았다.
하지만 몸은 움직이지 않았고
대신 마음이 울기 시작했다.

바람이 한 번만 더 세게 불면,
그 힘에 밀려 떠내려가도 괜찮을 것 같았다.

그러다 또, 이대로 돌아가서 따뜻한 이불 속에 숨고 싶어졌다.
이유도 없고, 말로 설명도 안 되는 감정의 파도였다.

봄이 이렇게 아름다운데
햇살은 따뜻하고, 벚꽃은 흐드러지게 피고
사람들은 웃는데

그 속에서 나는 더 외로워진다.
왜 꼭 이렇게 아름다운 계절에서
가장 깊은 어둠을 마주하고 있는 걸까.

찬란한 봄인데,
왜 나는 자꾸만 어두운 생각으로 잠기고 있을까.

'아니야 더 이상 생각해 봐도 달라지는 건 없어. 이제 끝나는 거야.'

한강 다리에 도착했을 때, 오히려 이상하게도 안심되는 느낌이었다. 나를 괴롭히던 모든 고통이 곧 사라질 것이라는 예감이 내 온몸을 휘감았다. 봄의 한강은 잔인하리만큼 평화로웠다. 아이들은 웃고, 연인들은 손을 잡고 있었다. 돗자리를 깔고 앉은 가족들, 배달 음식을 나눠 먹는 젊은 친구들, 운동을 하며 이어폰을 낀 채 땀을 흘리는 사람들까지. 그 모든 풍경이 찬란했다. 하지만 그 속에서 내 존재는 철저히 투명한 사람이었다. 한참을 대교를 걷고 또 걷다가 생명의 전화가 있는 난간 앞에 섰다. 그곳은 너무 조용해서 세상이 귀를 막은 것 같았다. 마지막이라는 마음으로 난간 옆에 있는 생명의 전화를 들었다. 누군가에게 그냥 마지막으로 한 번만, 딱 한 번만 내 마지막 이야기를 털어놓고 싶었다.

'나 지금 곧 떨어질 거예요.'

그런데 왜인지 생명의 전화는 그 어떠한 신호도 가지 않았고 아무 목소리도 들리지 않았다. 그 순간 희망이 '톡' 하고 꺼졌다. 아무도 없다. 이 세상은 정말 나 하나쯤은 없어도 되는구나. 그렇게 천천히 난간 위로 발을 올렸다. 바람이 다리를 스치는데 감각은 이미 사라져 있었다. 아무 감정도 없었다. 심장이 멈춘 것도 같고 세상이 내 시야에서 조용히 빠져나가는 기분이었다. 단 하나, 지금 이곳에서 내가 사라져도 아무 일도 일어나지 않을 거라는 확신만 남아 있었다.

어떻게 여기까지 온 걸까? 내 발 아래 펼쳐진 까만 물결을 바라보며 멍하니 서 있었다. 그곳은 너무 넓었고 너무 어두웠다. 캄캄해서 앞이 보이지 않는 온통 까만 세상이었다. 그래서일까. 물의 깊이를 가늠할 수 없어 하나도 무섭지 않았다. 그러면서도 무섭지 않다는 사실이 소름 끼치게 무서웠다. 발끝 아래로는 시꺼먼 강물의 비침만이 출렁이고 있었고, 머릿속엔 너무 많은 게 흘렀다. '여기서 뛰어내릴까? 아니야, 조금만 더 버텨보자.' 두 가지 생각이 계속 밀고 당기듯 흔들었다. 눈물인지 바람인지, 얼굴이 젖었다. 손을 주머니에 넣었다. 차가운 휴대폰이 손에 닿는 순간, 손가락이 떨리기 시작했다.

 '나 지금 대교 위야.'

 본능적으로 가장 친한 친구에게 한 줄을 보냈다. 전송 버튼을 누르는 그 순간까지 핸드폰이 물에 떨어질까 봐 손이 멈추지 않고 흔들렸다. 그리곤 핸드폰을 닫았다. 바로 진동이 울리기 시작했다. 친구, 또 다른 친구, 모르는 번호들. 수십 번의 진동이 매달리듯 울렸지만, 그 소리를 전혀 받아들일 수 없었다. 다리 위는 고요했다. 무서웠고, 텅 비어 있었다. 눈물이 터졌다. 너무 멀리 와버린 것 같았다. 돌이킬 수 없을 것 같았지만 또 반대로, 이대로 돌아가는 것도 두려웠다. 그 순간에도 끊기지 않고 계속 울리던 진동 소리. 화면에 뜬 이름은 가장 친한 친구였다. 덜덜 떨리는 손으로 받았다. 아무 말도 못 했지만, 친구의 목소리가 들리는 순간 울음을 터뜨렸다.

 "괜찮아. 거기 있어. 내가 갈게. 절대 움직이지 마."

 그 말 한마디가 다리 위에서 나를 꼼짝 없이 붙잡아 두었다. 몸이 떨렸고 한참을 울었다. '친구가 날 구해주러 올 거야. 친구 말대로 하자. 나 사실 너무 무서워…' 난간에서 내려갈 수도, 올라갈 수도 없는 상태로 앉아만 있었다. 한 걸음만 내딛으면 모든 것이 끝날 것 같았다. 더 이상 아무런 감정도 느끼지 않아도 되고, 아무에게도 미안해하지 않아도 될 것 같았다. 하지만 막상 발을 내딛으려니 온몸이 굳어버렸다. 떨어지는 게 너무나도 무서웠다. 지나가는 차 중 누군가가 내려다보길. 누군가가 내려와 내 뒷모습을 붙잡아주길. 소리 내어 외치지도 못하면서 마음속으로 수없이 외쳤다.

'제발, 제발 나 좀 구해줘.'

#4

새까맣고 너무 무서운 곳이었어.
네가 내 정신을 송두리째 앗아간 틈을 타,
나는 어느새 한강대교 위에 올라왔지.

네 말을 따라 길고 어두운
그 한강 속으로 뛰어내리려고 했어.

심장이 미친 듯 뛰었고,
도대체 난 왜 살고 있고 왜 죽지도 못하냐고
울고불고 내 억울함을 온갖 세상에 토해댔지.

들어주는 이?
그런 건 없어.

네가 다 가져갔잖아.
나에게 있는 모든 것을.

감정이 바다 끝으로 갔다
내 감정은 바다 끝에서부터 시작된다.

난간 대교에서 떨어지지 않게 두 다리를 난간 사이에 끼워 넣었다. 조금의 지탱이라도 하고 싶었는지도 모른다. 떨어질 거라고 왔으면서 떨어질까 겁에 질려있는 모습이 한심했다. 발끝 아래로는 어둠에 잠긴 강물이 천천히 아른거렸다. 더 이상 나를 막아줄 것이 없었다. 아니, 어쩌면 내 자신이 마지막으로 붙잡고 있던 유일한 것이었는지도 모르겠다. 심장은 부서질 듯 뛰고 있었다. 그 진동 소리가 또 울리고 있었다. 그리고 들려온 목소리 낯선 이의 목소리. 그는 내 이름을 또렷이 불렀다.

"경찰관입니다. 김아린님. 어디에 계신 거죠? 지금 옆에 보이는 대교의 숫자가 몇 번인가요?"

"몸을 못 움직여서 번호는 모르겠어요. 생명의 전화 옆 난간에 앉아 있어요…"

 낯선 목소리는 경찰관이었다. 다급한 그 말 한마디에 마음이 조금 놓였다. 곧 또 누군가가 찾아와줄지도 모른다는 희망이 들었다. 하지만 아이러니했다. 분명 죽으려고 이곳에 왔다. 모든 것을 놓기 위해 고통에서 도망치기 위해 이 자리에 앉았는데, 왜 이제 와서 살 수 있다는 생각에 안심이 되는 걸까.

 도무지 설명할 수 없는 슬픔, 막막함, 억울함, 체념 같은 것들이 한꺼번에 밀려와 온몸을 휘감았다. 그저 소리 없이 조용히, 끝도 없이 울었다. 그때 사이렌 소리가 점점 가까워졌고, 다급하게 뛰어오는 발소리가 차가운 바닥 위로 울려 퍼졌다. 감정은 여전히 한가운데 있었지만, 세상은 그제야 나를 발견한 듯 움직이고 있었다. 그리고 이내, 따뜻한 손길이 내 어깨를 감싸안았다.

"괜찮아요. 이제 괜찮아요."

 조용한 목소리였지만, 그 속엔 단단한 힘이 있었다. 더 이상 움직이지도, 말하지도 못한 채 그 손길에 몸을 맡겼다. 울컥 솟구친 감정에 눈물이 멈추지 않았고 내 입에서 새어 나온 건 단 하나였다. "죄송해요." 끝없이 죄송하다는 말만 되풀이했다. 꽤 많은 사람들에게 민폐를 끼쳤다. 경찰관들은 내가 대교 난간 사이에 다리를 끼워 놓은 탓에 내 몸을 꺼내기 위해 애를 써야 했다. 구조된 뒤에도 몸은 얼어붙은 채 굳어 있었다. 그렇게 경찰차에 탑승했다. 차가운 시트에 앉는 순간 참았던 눈물이 다시 흘러내렸다. 차창 너머로 스치는 불빛들이 비현실적으로 보였다.

 '지금 이게 정말 현실이 맞을까? 아니면 꿈일까?' 정신이 몽롱했다. 하지만 현실은 곧바로 나를 덮쳐왔다. '엄마한테 뭐라고 말해야 하지? 아빠가 알게 되면 어쩌지?' 수많은 걱정이 머릿속을 헤집었다. 경찰서에 도착 후 경찰관은 나에게 무척 친절하게 대했다. 물이 필요하냐는 물음에 왜인지 창피해져서 괜찮다고 했다. 한참을 안절부절하며 앉아 있었다. 그리고 경찰관의 말이 나를 현실로 끌어당겼다.

"부모님께 말씀드려야 합니다."

 그 말은 벼락처럼 내리꽂혔다. 부정하고 싶었다. 차라리 시간이 여기서 멈췄으면 좋겠다고 생각했다. 하지만 피할 수 없었다. 그렇게 내 인생에서 가장 무거운 소식이 부모님께 전해졌다. 정신이 나간 사람처럼 말없이 어디를 보고 있는지도 몰랐고, 무엇을 생각하는지도 알 수 없었다. 그 순간 누군가의 목소리가 들렸다.

"…물 마실래?"

 고개를 돌렸다. 내 앞에 익숙한 얼굴이 서 있었다. 이 상황을 알고 가장 먼저 달려온 내 친구였다. 잠옷에 가까운 옷차림. 집에서 막 튀어나온 듯한 숨 가쁜 표정. 그 모습에 그제야 조금 현실로 돌아온 것 같았다. 친구는 내 상태부터 살폈다. 다그치지도 않았고 왜 그러냐 묻지도 않았다. 그저 물을 내밀었다. 그리고 말했다.

"괜찮아서 정말 다행이야."

 그 한마디에 무너지듯 눈물이 흘러내렸다. 친구가 나를 안았다. 조심스럽고 단단하게. 내가 깨질까 봐 안은 듯 한동안 가만히 안고 있었다. 아무 말도 하지 않았다. 친구는 울지 않았다. 그 고요한 품 안에서 죽지 않길 잘했다는 생각을 했다. 그리고 얼마 뒤 엄마가 도착하셨다. 한눈에 봐도 몹시 화가 나 있었다. 눈빛이 흔들렸고, 입술이 떨렸다. 그 어떤 말도 나오지 않았다. 엄마는 경찰관과 서류를 작성한 후 한마디도 하지 않은 채 내 손을 잡고 경찰서를 나왔다. 엄마의 손이 따뜻해서, 더 숨이 막혔다.

 친구와 작별하고 엄마와 단둘이 택시를 타고 집으로 향했다. 차 안은 숨소리조차 낼 수 없는 정적이었다. 달리는 차 안에서 창밖만 바라봤다. 이 침묵 속에 더 고통스러웠다. 엄마가 아무 말도 하지 않는다는 건 그만큼 말이 되지 않는다는 뜻이니까. 마음속에서 자꾸만 '미안해'란 말이 튀어나오려 했지만, 입이 쉽게 떨어지지 않았다. 도대체 내가 무슨 생각이었을까. 왜 그렇게까지 했을까. 그 순간 가족이 떠오르지 않았을까. 가슴이 조여왔다. 숨이 막혔다. 엄마 옆에 있는 모습이 너무도 낯설게 느껴졌다. 이제야 후회하고 있었고 두려워하고 있었다. 그날을, 우리는 죽는 순간까지도 잊을 수 없을 것이다.

#5

사람들 앞에서 웃고 있으면
거짓말을 하는 것 같았고,

밥을 먹을 때마다
이런 걸 먹을 자격이 있을까 싶었다.

너는 조용히 속삭였다.
"살아남은 네가 문제야."

그 말이 틀린 것 같지 않아서
다시 입을 다물었다.

살아 있다는 게 용기가 아니라
벌처럼 느껴지는 날.

스스로를 계속 심판하고 있었다.
아무도 나를 비난하지 않아도

매일매일 내 안에서
조용히 유죄를 선고받고 있었다.

 집으로 돌아온 후 모든 것이 조용해졌다. 그리고 문득 하나의 생각이 떠올랐다. '나는 지금 정상이 아니구나.' 내가 생각한 것보다 많이 무너져 있다는 사실을 그제야 인정하게 되었다. 도대체 어떻게 해야 괜찮아질 수 있을까? 반복해서 되묻고 되묻다 결국 한 가지 선택을 꺼냈다. '나 자신을 통제할 수 없다면 스스로를 어딘가에 가둬야

하지 않을까?' 그것이 살아남기 위해 찾아낸 마지막 방법이었다. 조심스럽게 엄마에게 말했다.

"엄마… 나, 정신병원에 입원해야 할 것 같아."

잠시의 정적. 엄마는 고개를 끄덕였다.

"그래. 너 말대로 하자."

그 말은 어떤 위로보다 강했다. 엄마는 놀라지 않았고 흔들리지도 않았다. 그저 내 말을 들어주었다. 그 담담함이 오히려 눈물 나도록 고마웠다. 그렇게 세상에 태어나 처음으로 정신병동이라는 곳에 들어가게 되었다. 그리고 그날로부터, 이 세상에서 내 존재는 잠깐 사라졌다. 아무도 보지 못하게 아무도 찾지 않게 내 감정은 먼저 조용히 퇴근해 버렸다. '힘들다'는 말도 '살고 싶지 않다'는 말도 더는 입 밖으로 꺼낼 수 없을 만큼 내 안의 마음은 고요하게 가라앉아 있었다. 사람들은 말한다.

"시간이 지나면 괜찮아질 거야."
"누구나 겪는 일이야."
"의지를 가지고 이겨내려고 해봐."

하지만 아무것도 지나가지 않았다. 오히려 마음속에 켜켜이 쌓였다. 그 말들은 지나가기는커녕 내 안에 고여, 감정을 까만색으로 잠식해 갔다.

2장

오늘은 감정 연차 쓰겠습니다

오늘은 감정 연차 쓰겠습니다

오늘 내 감정은 우울

병원에 입원하게 된 순간, 무엇보다 병동에 대해 아무것도 모른다는 사실이 가장 두려웠다. 폐쇄병동이 어떤 곳인지, 그곳에서 앞으로 어떤 존재가 되는 것인지 그 어떠한 것도 알지 못한 채 모든 짐을 챙겨 병원으로 향했다. 그렇게 입원이라는 긴장되는 긴 회의가 시작되었다. 엄마와 아빠가 끝까지 동행해 줬지만 병실 문 앞에서 발걸음은 멈췄다. 문은 나 혼자서 통과해야 했다. 4층 폐쇄병동. 문이 닫히는 소리가 '세상과 연결이 끊어졌다'라는 신호처럼 들렸다. 병원 벽지들은 온통 깨끗한 흰색이었고 작고 낡은 침대 여러 개가 놓여 있었다. 누군가가 나를 힐끗 쳐다보는 눈빛을 받기도 했다. 내가 지내게 될 병실 안에는 이미 두 명의 환자가 있었다. 그들은 아무 표정 없이 누워 있었고 말이 없었고 고요했다.

 지정된 침대로 가서 짐을 놓고 말없이 몸을 눕혔다. 숨소리마저 조심스럽게. '이대로 계속 여기서 살아야 하는 걸까. 내가 잘못한 선택은 아닐까.' 답은 없었다. 그저 불안함만이 가슴을 조여왔다. 병동에서는 주치의가 정해진 루틴처럼 내 앞에 찾아와 면담을 시작했다. 내 담당의는 여자 선생님이셨고, 처음에는 나와 말이 잘 통하지 않아, 면담 시간을 좋아하지 않았다. 솔직히 말하면 선생님을 미워하기까지 했다.

"아린 씨, 오늘은 기분이 어떠세요?"

 고개를 천천히 들었다. 그리고 망설임 끝에 입을 열었다.

"그냥... 죽고 싶어요. 제가 왜 여기 오겠다고 했는지도 모르겠어요"

주치의는 표정을 바꾸지 않고 조용히 고개를 끄덕였다.

"그렇군요. 아직은 조금 더 진정이 필요한 시기예요. 익숙해지면 괜찮아질 거예요."

"근데요... 이건 시간이 지나도 안 나아질 것 같아요."

의사는 한 박자 쉬었다가 다시 물었다.

"아린 씨, 그 생각이 처음 든 건 언제부터였나요?"

"...잘 모르겠어요. 어느 순간부터 그냥… 매일이 무의미했어요. 숨 쉬는 것도 버겁고, 눈 뜨는 것도 싫고."

의사는 종이에 무언가를 조용히 적기 시작했다.

"퇴원은요… 언제 할 수 있어요?"

그 질문은 간절함보다 도망치고 싶은 마음에 더 가까웠다. 그녀는 아무 말도 하지 않은 채 시계를 한번 힐끗 보고, 마치 대본을 다 읽은 배우처럼 조용히 자리를 떴다. 그 짧은 시간 동안 아무것도 말할 수 없었다. 아니, 말을 할 수는 있었지만, 들어주는 사람이 없었다. 퇴원하고 싶다는 말에도 돌아오는 건 공허한 미소뿐이었다.

담당의와 면담 시간은 그 어느 시간보다 짧았다. 5분도 채 되지 않는 시간. 대화가 오가는지도 몰랐다. 병원이라기보다 고요한 감옥 같았다. 창살도 없었지만, 나갈 수도 없었다. 말해도 아무도 듣지 않고 살아 있어도 살아 있는 것 같지 않은 곳. 병동 안의 시간은 나를 천천히 무너뜨리고 있었다. 다음 날도 마찬가지로 면담 시간이 다가왔다.

"아린 씨, 돈 문제는 어떡하죠? 이제 헬스장은 돈이 없어서 못 다니겠네요?"

"...뭐라고요?"

"이제 돈이 없는데 헬스는 어떻게 다니려구요."

그 말을 듣곤 너무 화가 났다. 더 이상 면담을 할 필요가 없어졌다. 난 한참 선생님을 노려본 후 그대로 자리를 박차고 나왔다. 나에게 선생님은 이런 사람이었다. 너무나 냉철하고 차가웠다. 도대체 치료해 주려는 건지, 병들게 하려는 건지 알 수가 없었다. 정신 병동에 온다고 해서 내 감정이 나아지는 건 아니었다. 그러나 선생님에게도 그렇게 말할 수밖에 없는 수많은 이유가 있었을 것이다.

어느 날 밤. 병원에서 준 약을 먹고 정해진 취침 시간에 맞춰 불이 꺼졌다. 병실 안은 조용했고, 룸메이트들의 숨소리만 고르게 들려왔다. 나도 그 숨소리를 따라 눈을 감았다. 그렇게 깊은 잠이 들 줄 알았다. 그런데 이상하게도 새벽에 눈이 떠졌다. 무언가 설명할 수 없는 느낌이었다. 가슴이 먹먹했다. 고요한 병실 안에서 혼자만이 깨어 있었다. 그리고 어느 순간 눈물이 뺨을 타고 흘러내렸다. 그 흐름을 막을 수 없었다. 어느덧 울부짖고 비명을 지르고 있었다. 몸은 분명히 제어되지 않고 있었고 머리는 깨질 듯 아팠다. 무의식적으로 이불을 움켜쥐었다. 숨이 점점 가빠졌고, 한기를 느끼기 시작했다. '왜 이러지? 이게 뭐지?' 스스로에게 되물었지만, 답은 없었다. 그 순간 병원에 있다는 사실조차 잊을 만큼 그 고통에 휘둘리고 있었다.

"도와주세요! 너무 아파요!"

 이 고통을 참을 수 없어 괴성을 지르기 시작했다. 간호사가 달려왔다.

"왜 그러세요? 어디가 아파요?"

 그녀는 나를 진정시키려 했지만, 말을 듣지 못했다. 몸이 떨렸고, 눈앞은 흐려졌다. 그야말로 제정신이 아니었다. 그녀는 내 팔을 붙잡으며 말했다.

"괜찮아질 거예요. 조금만 기다려요."

 그리고 쓰러질 듯 부축을 받으며 독방으로 옮겨졌다. 작은 방. 변기 하나, 침대 하나. 그곳은 세상에서 가장 좁고 차가운 곳이었다. 그대로 소리 없이 울었다. 소리 내지 못하고 몸을 웅크리고 그대로 잠에 들었다. 정확히 언제 잠들었는지 모르겠다. 모든 감각이 꺼져버린 것 같았다. 그 날 그 밤은 지워버리고 싶은 밤이었다.

 차가운 햇살에 눈을 떴다. 몸이 무거웠고, 눈이 따가웠다. 그리고 기억이 없었다. 무슨 일이 있었는지 내가 무슨 말을 했는지 또 어떻게 이 방에 들어왔는지 모두 기억나지 않았다. 그저 한 가지만 떠올랐다.

'내가 먹은 약들은 이상해.'

 더 이상 약을 먹는 것이 무서워졌다. 약을 먹으면 또다시 새벽의 그 끔찍한 순간이 반복될 것만 같았고 나를 또 잃어버릴까 봐 너무 두려웠다. 시간이 지나 다시 평소처럼 조용한 나날들을 보내고, 아무 일 없었던 것처럼 하루를 시작했다. 하지만 여전히 마음속엔 그날 밤의 감정이 깊이 남아 있었다. 그건 태어나서 처음 겪어 본 발작이었고, 고통이었다. 정신과 약이 얼마나 무서운지를 처음 겪게 된 계기이기도 하다. 나와 맞지 않는 약은 이렇게 사람을 죽이기도 하는구나. 하며 약의 중요성을 깨달았다.

 하지만 약을 먹지 않으면 계속 이렇게 무너진 채로 살아갈 수밖에 없다는 것도 알고 있었다. 내가 다시 괜찮아지려면 아무리 무섭고 힘들어도 그 약을 받아들여야 했다. 그렇게 나는 천천히, 아주 느리게 병동 안에서 삶에 익숙해졌다. 낯선 사람들과 하루 종일 붙어 있어야 하는 상황이 버겁기도 했지만 이상하게도 그 사람들은 언니 같았고 동생 같았다. 그렇게 우리는 서로를 조용히 감싸안는 사이가 되어 있었다.

퇴원이라는 내 소원

집에 가고 싶어. 퇴원하고 싶어. 그게 내 소원이야.

매일 퇴원을 원했다. 똑같은 하루가 반복되었다. 아침에 눈을 뜨면 약을 먹고, 밍밍한 밥을 먹고, 상담이라고 하기엔 너무 기계적인 대화를 나누고, 다시 약을 먹고 잠드는 하루. 너무나 무표정한 시간이었고 너무나 감정이 닳아버린 공간이었고 너무나 현실이 아닌 것 같은 나날들이었다. 그 안에서 살아 있다는 게 무색해질 만큼 무의미한 반복이었다. 그래서 하루하루 퇴원만을 기다렸다.

 스스로가 선택한 길이었지만 동시에 누구보다 벗어나고 싶었던 장소였다. 그렇게 꼼짝없이 3개월이라는 시간을 정신병동에서 보냈다. 간간이 찾아와주는 엄마와 친구가 아니었다면 버티지 못했을지도 모른다. 이곳은 너무 숨 막히는 곳이었지만 동시에 감정이 조금씩 나아지고 있다는 것을 느끼게 해준 곳이기도 했다.

 퇴원할 수 있었던 건 그들과 나눈 따뜻한 말 몇 마디, 그리고 아주 조금씩 괜찮아지는 내 마음 덕분이었다. 지금 돌이켜보면 그 시간은 나를 성장시켰고 다시 건강한 존재로 돌아오게 해줬다. 병동에서 같이 모든 것들 함께하며 가족처럼 친해졌던 룸메이트가 가끔 편지를 써주곤 했는데 아직도 기억에 남는 편지 내용이 있다.

룸메이트의 편지
편지는 아주 소중한 것이다.
아주 소중한 마음이 깃들어 있으니까.

첫번째 편지

안녕 아린아.

난 너의 25년 인생을 다 모르는 것이 당연하지만, 나도 한때는 너와 비슷한 아픔을 겪고 깨달은 바가 있기에 이렇게 펜을 잡아 본단다. 나도 한때는 나를 해치면서까지 현실에서 도피하고 부정하려 했던 적이 있다고 했지? 하지만 이제 와서 느낀 바는, 나를 위해 슬퍼해 주는 사람들이 있기에 그 찰나의 순간 어리석은 행동을 했던 걸 후회한다는 것과, 그런 나를 위해 슬퍼해 주는 사람들과 함께라면 그 슬픔도 이겨낼 수 있다는 것이란다.

아린아! 난 진심으로 네가 참 좋아. 함께 있으면서 내가 너에게 해주는 소리가 위로의 소리라고 한다면, 난 너를 위해 밤새워 이야기해 줄 수 있어. 이제 너의 몸을 소중하게 생각하렴. 벌써 밤이다. 오늘 하루도 고생했고, 너를 좀 더 아끼고 싶다면 자신에게 편지를 써봐. 도움이 될 거야.

나를 위해 편지를 써주고 조용히 마음의 방향을 바꿔준 그 룸메이트에게는 지금도 고맙다는 말을 전하고 싶다. 정신 병동이라고 하면 낯설고 무서운 이미지부터 떠올리는 사람들이 많지만 내가 기억하는 그곳엔 오히려 조용한 따뜻함들이 있었다. 누구보다 아팠던 사람들이, 그래서 누구보다 조심스럽게 서로를 안아주던 공간. 그 안에서 나는 아주 조금은 괜찮은 사람이라는 걸 처음 느꼈다. 그리고 그 편지 한 장이 나를 살게 했다.

 그곳에서의 시간은 고통이었고, 동시에 생존이었다.

 시간이 흘러 편지를 써준 룸메이트가 곧 개방 병동으로 내려가게 되는 날이 되었고 그 친구와 오랜 정이 들었기에 떠나보내기 아쉬운 마음만이 들었지만, 그 친구는 역시나 떠나기 전에도 나에게 마지막 편지를 주고 갔다.

두번째 편지

아린.

너에게 쓰는 두 번째 편지구나. 안녕? 곧 개방 병동으로 내려가는 나이지만 마음이 편하진 않다. 같이 있는 2주 동안 먹고 자고, 같이 놀고 모든 걸 같이 했던 너와 나이고 너에게 정을 많이 주었기에 떠나기 쉽지가 않네. 스테이션 가서 말도 잘 못하고 TV 리모컨 달라고 말도 잘 못하는 너를 두고 가는 나의 마음이 편치 않구나.

아린아, 나 내려가면 꼭 전화하고 통화 중이거나 안 받으면 일부러 그런 거 아니니까 나중에 다시 꼭 걸고 나 없다고 우울해하지 말고, 꼭꼭 밥 많이 챙겨 먹고, 아프지 말고, 아버지랑 화해하고 어느 정도 주치의 선생님 말씀 잘 들어야 한다. 내 친구 미리 생일 축하해.

소중한 친구가 개방 병동으로 돌아간 후, 여전히 이 두 개의 편지를 기억 속에 가지고 있다. 아마 내가 힘들 때마다 떠오르게 되지 않을까 하는 소중한 편지였다. 벌써 여러 가지의 감정을 느꼈다. 친구의 응원에 힘입어 병원에 있는 동안 먼 미래에 책을 쓰기 위해 일기를 적기 시작했다. 그때의 감정과 생각들이 글로 풀어질 때마다 마치 무거운 짐을 조금씩 내려놓는 듯한 경감을 경험했다. 일기를 쓰지 않았다면 그 시절의 마음은 아마 기억 속에서 잊혔을 것이다. 내가 겪었던 고통과 기쁨, 슬픔과 희망이 그저 잊히는 것만으로 끝났다면 지금의 나를 알 수 없었을 테니까.

 그렇게 하나의 새로운 습관이 생겼다. 바로 병동에서의 일들을 기록하는 일기를 적는 것. 일기장을 새로 사서 스티커들로 꾸미고 이름을 크게 적어놨다. 나만 봤던 소중한 일기장들을 이젠 모두에게 꺼내 볼 때가 된 것 같다.

감정의 기록 일기장
감정을 기록하는 건 모든 것을 기억하는 것.

병동에서의 일기

2023년 11월 2일.

 약기운이 퍼지던 그날, 아침이 오기 전에 이미 고단한 전투를 치르고 있었다. 눈을 뜨려 해도 몸은 무겁고 뇌는 몽롱하게 가라앉아 있었다. 그렇게 침대에서 허우적거리는 시간은 아침을 잊게 했고 결국 점심이 되어서야 허기를 느꼈다.

 점심시간 병원에서 진해진 언니와 함께 밥을 먹었다. 하지만 병원 밥은 내 입맛과는 거리가 멀었다. 처음 한 입을 먹고 나서는 별로라는 생각이 드는 동시에, 더는 먹고 싶지 않았다. 남은 반찬들은 식탁 위에 놓인 채로 언니의 말소리와 병원 복도의 소음만이 감싸고 있었다.

 그런 분위기 속에서 입맛을 잃은 채로 식사를 마치고 약 복용 후 생기는 불편함에 대해 생각해 보았다. 처음에는 말하는 것이 점점 힘들어졌다. 발음이 어눌해지고 내 말투조차 이상하게 느껴졌다. 원래의 나라면 쉽게 할 수 있었던 대화가 마치 한 뼘 더 멀어져 버린 것 같았다. 목소리는 내가 아닌 다른 누군가의 소리처럼 느껴졌다. 머릿속이 혼란스러워지며 하루 종일 졸음이 쫓아다녔다. 무엇인가에 집중하기란 정말 힘든 일이었다.

 몸과 마음이 점점 이상해지고 있다는 사실을 뼈저리게 느끼는 하루였다. 약은 감정을 억눌렀고, 부작용은 매일 나를 조용히 망가뜨렸다. 이러한 변화가 원했던 모습이 아니란 것을 깨닫는 것은 고통스러운 경험이었다.

 병원의 차가운 벽, 간호사들의 발걸음 소리, 그리고 그들 사이에서 느끼는 외로움 속에서 약의 힘은 더 고립되게 했다. 이날의 기억은 나에게 여러 가지를 생각하게 했다. 약이 나를 아프게 하고 있는 것인지 아니면 그 약이 새로운 나를 만들어가는 과정인 것인지 혼란스러웠다.

 하루하루가 지나면서 내 몸과 마음의 싸움이 계속되고 있었다. 나의 정체성을 잃어버릴까 두려웠고, 그로 인해 더욱 힘겨운 날들이 계속될 것만 같았다. 이런 날들이 계속된다면 과연 어떤 모습으로 다시 돌아올 수 있을까?

*

2023년 11월 28일.

 친한 언니가 퇴원하고 나니 병원에서의 나날이 적막해졌다. 함께 했던 시간이 지나가고 이제는 놀 사람이 사라진 세상 속에서 혼자 남겨진 기분이다. 그런데 이상하게도 혼자가 더 편하게 느껴졌다. 누군가와 함께하는 것보다 혼자 있는 시간이 더 익숙해졌고, 편안하게 다가오는 것 같았다.

 이러한 감정은 마치 자신을 보호하는 방법처럼 느껴졌다. 불안한 마음을 털어놓고 싶지만, 그런 기회를 잃어버린 기분이다. 병원의 차가운 벽에 갇혀 있는 느낌이 더욱 짙어졌다.

 오늘은 좀 이상한 일이 있었다. 잠을 자고 있는데, SNS에서 재밌는 동영상이 떠서 계속 보다가 순간적으로 핸드폰을 잃어버렸다. 허둥지둥 침대 여기저기를 찾아다녔지만, 사실은 애초에 병동에 핸드폰은 없다는 사실이 내 머릿속을 스쳤다.

 그 순간의 허탈함은 내 마음을 더욱 무겁게 만들었다. 잃어버린 물건에 대한 불안감보다 그 사실을 깨닫는 순간의 공허함이 나를 압도했다. 점점 정신이 이상해져가는 걸까?

 요즘 꿈에서 했던 말을 현실에서 흘리듯 내뱉고 있었다. 나조차 내가 낯설었다. 기억력도 점점 흐려지는 것 같고, 똑같은 질문을 반복해서 묻는 내가 이제는 두렵다.

*

2023년 12월 03일.

 오늘은 아침과 점심을 거르고 잠에만 빠져 있었던 날이었다. 약기운 덕분인지 계속된 졸음이 나를 붙잡고 있었고 그렇게 하루가 흐르다 보니 아무것도 하지 않은 듯한 기분이 들었다.

 엄마에게 전화했을 때 외출이나 면회가 가능하다는 소식이 들려왔다. 정말 그렇게 되기를 바란다. 요즘은 하루하루가 재미가 없고, 저녁도 대충 먹고 말았다. 기분이 자주 업됐다가 다운되는 상태라 더욱 힘들다.

 괜찮아지려 애쓰지만, 감정은 풀리지 않는 실타래 같았다. 그래도 조금씩 이겨내고 싶다.

*

2023년 12월 05일.

 벽에 기대어 앉아 있으면 시간은 멈춘 듯하고 지루함과 고독이 내 마음을 가득 채운다. 이곳에서 괜찮아지는 방법은 무엇일까? 마음을 비우고 긍정적인 생각을 하며 어떤 말을 들어도 흔들리지 않도록 노력해야 할까?

 하고 싶은 대로 하는 것도 중요하지만 긍정적인 마인드를 유지하는 건 어렵다. 언제쯤 마음 놓고 행복한 삶을 살 수 있을지 의문이 든다. 이런 불안한 감정들이 언제 사라질지 모르겠다.

*

2023년 12월 06일.

 오늘은 재밌었다. 일어나자마자 밥은 안 먹고 과자와 초콜릿으로 배를 채우고, 주치의 선생님도 만났다. 요즘은 어떤지, 퇴원 후에 하고 싶은 것들이 있는지 리스트를 적어달라고 하셨다. 여러 가지 하고 싶은 일들을 적어보았고, 하고 싶은 게 많다는 게 다행인 것 같았다. 아무것도 하기 싫었다면 우울증을 벗어날 힘도 없었다는 이야기겠지?

 이런 일로 인해 엄마와 아빠에게도 상처를 줬다는 생각에 마음이 무겁다. 지금 여기 있는 게 익숙하긴 하지만, 빨리 나가고 싶다. 나가면 또 어떤 충동이 들까 봐 두렵기도 하다.

 참, 여기서 손목에 못된 짓을 또 했다. 너무 속상한 날이었다. 왜 충동을 이기지 못해서 같은 실수를 반복하는 걸까. 마음이 아프기도 했다.

*

2023년 12월 07일.

 룸메이트 두 명과 친하게 지내고 있어서 서로 언제 퇴원하냐며 수다도 떨고, 아픈 마음을 함께 공감하고 위로해 주는 것도 큰 위안이 된다.

 내가 퇴원하고 나서 글을 쓰고 싶다고 하니까, 룸메이트 언니가 "그러면 나가서 진짜로 글 써봐!"라고 응원해 주었다. 그래서 개인 시간이 많은 입원 기간 동안 주로 글을 쓰기만 했다.

 처음에 비해 분명히 많이 달라졌다는 생각이 든다. 나는 화나거나 슬픈 일이 생기면 울면서 손목에 못된 짓을 해왔다. 흉터 자국을 가리기 위해 타투를 했지만, 이번에는 타투 자국이 아닌 곳에 새겼다. 자해는 습관이었고, 주체할 수 없는 도구였지만 이 병원에서는 충동이 들 때마다 간호사 선생님들을 부르라며 잘 보살펴 주신 덕분에 자해 충동은 이제 들지 않는다.

*

2023년 12월 08일.

 정말로 보고 싶은 사람들이 꿈에 나올 때면, 잠에서 깨어 누워 있는 채로 무기력한 울음소리를 내는 것이 전부였다. 그들이 내 곁에 없다는 사실이 너무 아프고 그리워서 가슴이 먹먹해진다. 그 사람들을 다시는 보지 못하게 될 때는 또 어떻게 울어야 할까?

 이런 감정을 어떻게 표현할 수 있을까? 다시 그런 슬픔을 겪어야 한다는 생각에 마음이 무거워진다. 또 이렇게 적어 가야 할까? 감정을 기록하는 것 외에는 할 수 있는 일이 없으니 말이다.

 슬픔이 이렇게 깊게 자리 잡고 있는 걸 보니 내가 정말 그리워하는 사람들을 잊을 수 없다는 것을 다시금 느낀다. 오늘은 마음이 좋지 않은 날이다.

*

2023년 12월 17일.

 오늘은 꽤 시간이 빨리 흘렀다. 그런데 기분은 좋지 않았다. 기분이 좋지 않은 게 오래가기도 한다. 감정 기복이 너무 심해지고 안 좋은 감정만 오고 간다. 심장이 엄청 뛰기도 하지만 눈물이 나오진 않는다.

 퇴원하고 싶다. 당장 내일이라도 나가고 싶다. 정말 너무 힘들다. 입원 전도, 후도 힘들다. 선택한 내가 미웠다. 스스로를 이해할 수 없고 왜 입원하겠다고 했는지도 모르겠다.

 이런 상황이 계속되면 내가 어떻게 될지 두렵다. 그냥 하루하루를 견디는 것조차 힘들고 이런 생각조차도 무기력해지기만 한다. 내일은 좀 더 나아지기를 바란다. 조금이라도 희망을 찾고 싶다.

*

2023년 12월 18일.

 내가 괜찮아지는 방법은 마음을 비우는 것. 생각을 긍정적으로 하고 어떠한 말을 들어도 휩쓸리지 않는 것이다. 그 사람을 용서해 보기도 하고 약도 잘 먹고 치료에 적극적으로 임하는 게 중요하다. 내 소중한 몸에 자해하지 않겠다는 다짐도 해야 한다.

 크리스마스와 생일을 병동에서 보낸다고 슬퍼하지 말아야지.

 이런 다짐들을 적어 가며 마음을 다잡아 보려고 한다. 하루하루 조금씩 나아지고 싶고, 이런 작은 변화들이 쌓여서 내게 큰 힘이 되기를 바란다.

이렇게 병원에서 다양한 사람들과 만나며 서로의 이야기를 나누었다. 그곳에서 잃어버렸던 나의 감정 조각들을 모으기 시작했다. 일상의 작은 기쁨, 친구의 따뜻한 한마디, 그리고 다시 시작할 수 있다는 믿음. 모든 것이 서서히 회복의 길로 이어졌다. 퇴원 후에도 나를 위해 일기를 적는 연습을 계속했다. 병원에서의 경험과 그 속에서 나를 들여다보는 과정이 큰 의미가 있었기에 일기장은 이제 단순한 기록이 아닌 단단한 성장 일지가 되었다.

 이제는 그 일기 속에서 쌓인 이야기들이 책으로 태어날 수 있기를 바라게 되었다. 내 마음속에 품고 있던 경험들과 감정들, 그리고 그 속에서 얻은 깨달음들을 세상과 나누고 싶었다. 이 이야기가 누군가에게 작은 위로가 되고, 용기가 되었으면 하는 마음이 컸다. 일기장에 적힌 단어들이 하나둘씩 모여들어 나의 목소리가 되길 바랐다.

 이제 나는 내 이야기를 완성해 나가려 한다. 퇴원 후에도 일기를 쓰고, 그 글들이 한 권의 책으로 엮여 세상에 나아갈 날을 기다리고 있다. 어느새 3개월이 지나고 나는 하얗고 차가웠던 병동을 퇴원하게 됐다. 상태가 많이 괜찮아졌다고 판단했는지 생각보다 빨리 나오게 됐다. 벌써 한 계절이 지나고 있었고 바깥공기를 정말 오랜만에 맡게 되었다. 꿈만 같았다. 하지만 또 얼마 지나지 않아, 다시 현실로 돌아왔다.

감정의 기록 두 번째 일기장
감정을 기록하는 건 모든 것을 추억하는 거죠.

퇴원 후 일기

2024년 01월 30일.

 오늘은 생애 처음으로 헬스장에 가서 운동을 배웠다. 처음 가봤는데 너무 재밌고, 스트레스가 풀리는 느낌이었다. 손목이 아파서 글씨도 잘 안 써지지만, 그 아픔도 운동의 즐거움 때문이라고 생각하니 괜찮다. 하루 종일 집에서 뒹굴뒹굴 쉬는 것도 좋지만, 운동하는 것도 생각보다 너무 재밌고 좋았다.

 어제는 밤에 러닝을 뛰러 갔는데, 온몸이 얼었다. 아직은 나가서 뛰면 안 될 것 같다는 생각이 든다. 내 마음을 일기로 쓰는 건 매우 도움이 된다고 하니 앞으로 하루를 기록해 보는 게 내 목표다.

*

2024년 02월 08일.

 오늘은 엄마랑 쇼핑을 했다. 헬스장은 못 갔지만, 요가 매트를 샀다. 집에서도 폼롤러 스트레칭을 하면서 요가 매트가 필요했는데, 마침 생각나서 샀다. 쇼핑을 하면서 조금 기분이 나아질 줄 알았는데 오늘 밤은 왠지 우울해지는 기분이다.

 음, 그냥 좋지 않다. 왜 그럴까? 언제쯤 괜찮아질까? 내일 친구들이랑 놀기로 했으니까 놀면 조금 나아지겠지?

차라리 놀아서 이 기분을 빨리 없애고 싶다. 친구들과의 시간이 나에게 필요한 것 같아서 기대된다. 하고 싶은 게 점점 더 생겨서 내 마음속에 작은 희망이 피어나고 있다. 이렇게 작은 변화들이 내 기분을 바꿔줄 수 있기를 바란다.

*

2024년 02월 15일.

오늘은 기분이 그렇게 좋지 않은 날이었다. 운동도 안 가고 집에서 게임하면서 놀았지만, 그냥 기분이 안 좋다.

분명 괜찮아진 줄 알았는데, 불쑥불쑥 찾아오는 우울한 기분이 없어지지 않는다. 원인은 내 미래와 현재의 관계들로 인해 영향을 받는 것 같다.

앞으로 뭘 해야 할지 모르겠다. 이런 불안한 감정이 계속되니, 마음이 무거워진다. 게임은 잠깐의 즐거움을 주지만, 깊은 곳에 있는 고민들은 사라지지 않는다. 무언가에 대한 확신이 없으니 나 자신을 잃어버린 기분이다.

*

2024년 03월 09일.

어제는 병원에 외래 진료를 다녀왔다. 2주간 기분이 좋지가 않아서 솔직히 좋지 않았다고 말했다. 상담하면서 울기도 했다. 여러 가지 감정들이 섞여서 답답하고 힘들었다. 앞으로 어떻게 살아가야 할지도 모르겠고, 걱정투성이다. 기분이 별로다.

최근에는 나에게 큰 상처를 주었던 전 남자친구와 몇 번 통화도 하고 얘기도 많이 나눴는데, 이게 좋은 일인 걸까? 복잡한 마음이 드는 건 어쩔 수 없지만, 그 대화가 나에게 어떤 영향을 미칠지 걱정된다.

그래도 오늘은 좋은 일이 하나 있었다. 볼링에서 100점이 처음으로 넘은 날이기도 하다. 아빠랑 계속 볼링 치러 다니고 재밌게 논 건 좋았다. 작은 성취가 나에게 조금의 위로가 되었다. 이런 소소한 기쁨들이 나의 기분을 조금이라도 나아지게 해 주길 바라며 앞으로도 긍정적인 순간을 찾아가야겠다.

나는 모든 일들을 기록하며, 힘든 시간을 견뎌냈다. 내 안의 상처는 여전히 아프긴 하지만 그 안에서 조금씩 변화하고 성장하고 있다는 사실을 깨달았다.

내 감정은 더 이상 출근하지 않는다.
하루하루를 감정 없이 견디기 시작했다.
그렇게 감정이 자리를 비운 날들로부터
조금씩 회복이라는 이름으로
돌아오는 감정들에 대한 기록이다.

어쩌면 이 이야기는 '괜찮다'는 말에
지쳐버린 어느 누군가의 이야기일 수도 있고,
지금, 이 글을 읽는 어떤 이의 이야기일지도 모른다.

그러니 오늘 하루만큼은 감정에게
이렇게 말해보았으면 한다.

"오늘은 감정 연차 쓰겠습니다"

＃ 3장

감정이 고장 났을 때

감정이 고장 났을 때
모든 감정은 언젠간 고장난다.

퇴원 후 가장 먼저 마주한 건 텅 빈 카페였다. 사람도, 소리도, 온기도 없는 카페는 이미 폐업을 마친 모습이었다. 남아 있는 건 몇 장의 고지서와 완벽히 정리되지 못한 마음 ,그리고 오래된 적막뿐이었다. 벽에 걸려 있던 시계는 멈춰 있었고, 의자들은 뒤집힌 채 낡은 공간 한가운데 덩그러니 놓여 있었다.

 한때 따뜻했던 창문 너머 햇살은 그날따라 유독 차갑게 느껴졌다. 은은한 커피 향 대신 먼지와 침묵의 냄새가 공간을 가득 채우고 있었다. 그 순간, 이곳이 내가 한때 꿈꿨던 곳이었다는 사실 조차 잠시 잊고 있었다. 카운티에 놓인 계산대, 손으로 직접 꾸며 쓴 메뉴판, 구석에 놓인 작고 귀여운 화분들까지 모두 그대로 있었지만 마치 시간이 멈춘 것처럼 느껴졌다. 카페 문을 닫는다고 아무에게도 말하지 않았다. 굳이 알릴 필요가 없다고 생각했다. 어떤 작별은 조용히, 아무도 모르게 이뤄져야 하니까.

 의자를 하나하나 올리며 내 마음도 접어 넣는 기분이었다. 마지막으로 카운터 앞에 서서, 불을 껐다. 철칵하는 소리와 함께 매장은 캄캄히 어두워졌고, 유리문에 내비친 모습이 희미하게 떠올랐다. 힘들어 보이는 얼굴, 많이 지친 눈빛, 그리고 아무 말 없이 조용히 서 있는 모습이 그 안에 있었다. 그렇게 정말 마지막으로 문을 닫았다.

 문이 닫히는 소리가 내 안의 무언가를 영영 닫아버리는 듯했다. 돌아서서 발걸음을 떼는데 눈물이 나올 것 같아, 고개를 들고 하늘을 봤다. 아무렇지 않게 구름은 흘렀고 바람은 불었다. 햇살은 여전히 따뜻했다. 나만 한 계절과 함께 이별하고 있었고, 정말 소중히 지키려고 했던 공간은 내 곁을 조용히 떠나고 있었다.

두 번 다시 없을 파산이란 단어
한 번이어도 충분히 아픈 단어

카페를 접는 데 쓴 비용, 모든 걸 운영하면서 내 이름으로 감당했던 수많은 빚. 모두 내 몫이었다. 누구의 책임도 아니었다. 내 선택이었고 내 결정이었고 내 무너짐의 결과였다. 그래서 더 괴로웠다. 병원에서는 나아졌다고 말할 수 있는 상태였지만, 정신보다 더 깊은 곳에서 또다시 무너져 내리고 있었다.

"언제 어떻게 이 빚을 갚을 수 있을까."
"내가 이걸 감당할 수 있을까."

 나는 결국 그 누구에게도 쉽지 않은 파산의 길을 걸을 수밖에 없었다. 자의가 아닌 어쩔 수 없는 선택이었다. 감당할 수 없는 것을 받아들이는 것이 살아남기 위한 유일한 길처럼 느껴졌다. 하지만 파산이라는 단어는 세상을 잘 알지도 못하는 나에게 너무 무겁고 큰 무게로 다가왔다. 두려웠고, 겁이 났다. 이제 더 이상 카드도 못 쓰고 대출도 못 받는다. 누구나 할 수 있는 일을 하지 못한다고 생각하니 절망스러웠다. 카페를 차린 게 원망스럽고 멍청하다고 생각했다. 또 그때처럼 돌이킬 수 없는 행동에 대한 자책이 시작된 것이다.

 파산이 받아들여지지 않는다면, 이 모든 빚을 어떻게 짊어지고 살아가야 할까. 끝이 없는 계산과 걱정이 머릿속을 휘감았고 다시 잠을 이루지 못했다. 사람들과의 연락도, 바깥세상과의 모든 연결도 하나둘 끊어내기 시작했다. 그렇게 점점 더 조용해졌고 나 자신조차도 들여다보고 싶지 않은 날들이 이어졌다.

 하지만 정말 이상하게도, 아무도 내 곁에 없다는 감정을 느끼고 있는 나날들이 정해져 있던 듯, 어느새 한 사람이 조심스럽게 다가왔다. 항상 침묵을 지키며, 누군가와 눈을 맞추지도 않던 나에게 그는 아무것도 묻지 않았다. 무언가를 강요하지도 않았다. 그저 조용히 곁에 있어 주었다. 그런 그에게 나는 조금씩 따뜻한 온기를 느끼고 있었다. 그는 모든 것을 알고 있었다. 카페가 폐업했다는 소식, 지금은 파산 준비를 하고 있다는 것, 우울증으로 병원에 입원했던 것과 그리고 여전히 어딘가에서 허우적대며 버티고 있다는 사실까지. 이 모든 사실을 알고도 그는 그저 내 곁에서 있어 주었다. 오히려 모든 이야기를 듣고 나서는 따뜻한 눈물을 보여주었다. 처음으로 누군가에게 '그냥 있는 그대로의 나'로 있어도 된다는 것이 되려 조심스럽고 낯설게 느껴졌다.

 전처럼 같은 실수를 반복하고 싶지 않았다. 전 연인에게 너무 의지했던 지난 시간을 반복하고 싶지 않았다. 또 그때와 같은 시간을 겪을까 두려웠다. 그래서 그에게 짐이 되지 않기 위해 항상 조심했고 노력했다. 내 감정이 그를 해치지 않도록, 그가 버거워하지 않도록. 내 마음의 짐을 혼자 감당하려 애썼다. 파산 재판이 있는 날, 그는 아침부터 내 손을 꼭 붙잡고 함께 법원으로 갔다. 손이 얼마나 떨리고 있었는지 그 순간의 감각은 아직도 잊히지 않는다. 그는 "힘들겠다"라는 말 대신 "내가 항상 옆에 있을게"라고 말했다. 그 말은 세상의 그 어떤 응원보다도 강력한 위로가 되어 마음속 깊은 곳까지 도달했다. 파산 결과는 다행히도 좋게 나왔다. 서류를 정리하고 법원에 가서 기다렸던 그 모든 날이 지나고 나서야 비로소 나는 "모든 게 끝났다"는 말을 실감할 수 있었다.

처음부터 다시 시작하는 삶
새로고침

하지만 그 순간조차 마음이 편하지는 않았다. 이게 정말 좋은 일일까, 이것이 내 삶의 재시작이라고 할 수 있을까. 아무것도 남지 않은 빈털터리가 되어 다시 시작하는 삶이 정말 괜찮은 걸까. 그렇게 혼란스러운 감정들이 한꺼번에 밀려왔다. 그런데 이상하게도 마음 한편에서는 작게 속삭이는 소리가 들렸다. '그래, 다시 시작하자. 아무것도 없는 지금이 오히려 기회일 수도 있어.' 그렇게 처음으로 현실을 있는 그대로 마주 보며 다시 살아가야겠다고 생각했다.

 마침내 '평화롭다'는 말이 어색하지 않은 일상에 들어가 있었다. 그건 아주 사소한 것들로 이루어진 평온이었다. 아침이면 일어나 따뜻한 햇빛을 받으며 약을 챙겨 먹고 강아지를 쓰다듬고 커피를 마시며 천천히 하루를 준비하는 것. 어느 날은 남자 친구와 짧은 산책을 하고, 어느 날은 집에서 좋아하는 노래를 들으면서 책을 읽는 것. 그런 조용하고 단정한 삶에 감정 연차는 더 이상 필요가 없는 것처럼 이 일상이 내 것이 되었다.

 이 평화는 너무 오랜만이었다. 늘 요동치던 감정의 파도 속에서 가끔은 살아 있는 것이 아니라 그저 숨을 쉬고 있다는 느낌만으로 버텼던 날들이 있었다. 그렇게 어느 순간, 또 다른 갈망을 느끼기 시작했다. 단지 살아 있는 것을 넘어서 '나'로서 살아가고 싶었다. 누군가의 연인이 아닌, 누군가의 자녀가 아닌, 나 자신으로서 사회 속에 나아가고 싶었다. 이제는 내 힘으로 돈을 벌고 사고 싶은 걸 능력껏 사고 누군가에게 기댐이 아닌 내가 누군가를 책임질 수 있는 존재가 되고 싶었다.

 그래서 새로운 도전을 시작했다. 오랜만에 컴퓨터를 켜서 이력서를 열었다. 텅 빈 자기소개서에 무슨 말을 써야 할지 몰라 멍하니 화면만 바라보던 그 순간이 아직도 기억난다. 음, 그냥 담담하게, 별 기대 없이 적어 내려갔다. 그건 나를 위한 도전이자 이 세상에 내 존재를 다시 한번 증명해 보는 선언이었다. 그리고 며칠 뒤, 조용하던 핸드폰으로 연락이 왔다. 지원했던 회사 중 한 곳에서 면접을 보러 오라는 전화였다. 낯선 번호였지만 그 전화는 내게 '기회'라는 단어로 들렸다. 손을 꼭 쥐고 다짐했다. '잘 해보자. 다시 살아보자.' 그리고 약속대로 면접을 봤다. 면접관 앞에서 긴장된 목소리로 이야기하고, 멋쩍은 웃음을 지어내 말하고 있었지만, 그 속엔 내 진심이 담겨 있었다. 며칠 뒤, 나는 그곳에 합격했다.

이력서 한 장에서 시작된 변화. 드디어 다시 사회의 일원으로 나아가게 되었다. 직장이라는 단어는 이전까지 내겐 막막하고 낯선 세계였지만 지금은 그것이 얼마나 소중하고 감사한 기회인지를 절실히 느낀다. 첫 출근 날 거울 앞에서 단정하게 옷을 입고 가방을 들고 설레는 마음으로 집을 나섰다. 언제 그랬냐는 듯 자연스럽게 다시 사람들과 어울리기 시작했다. 매일 아침 회사로 출근하고 동료들과 인사를 나누고 작은 프로젝트를 함께 진행했다. 모르는 것을 배워가며, 실수도 했고, 칭찬도 들었고, 어느새 그곳에서 자연스레 웃고 있었다.

조용하지만 의미 있는 하루. 이젠 그게 당연한 삶이었다. 매출을 걱정하지 않아도 되는 고정된 월급과 누군가에게 기댈 필요 없이 내 힘으로 버는 돈. 회사 동료들과 주고받는 인사와 웃음. 그리고 정해진 루틴 속에서 스스로를 다시 세워가는 안정감. 그 모든 게 너무 벅차도록 고마웠다. 처음 출근했던 날 사무실 문을 열었을 때, 그 날 처음 만난 팀장님의 미소와 동료들의 따뜻한 인사 한마디가 내 모든 불안을 걷어내 주었다. 그들은 정말 좋은 사람들이었다. 다시 열정이 생겼다. 아무것도 모르지만 배우고 싶었고, 아직 부족하지만 성장하고 싶었고, 지금까지 무너졌던 시간이 아깝지 않게 만들고 싶었다.

 내가 맡은 프로젝트의 팀장님은 그 누구보다 따뜻하고 다정한 사람이었다. 차분한 말투 속에 힘이 있었고, 늘 먼저 다가와 말을 걸어주며 주위를 살폈다. 하지만 나는 마음을 꼭꼭 숨긴 채 혼자 앓는 날이 많았고, 티를 내지 않으려 애쓰지만 표정에는 다 드러나곤 했다. 그런 나를 누구보다 빨리 알아채는 사람이 바로 팀장님이었다. 어느 날, 책상에 앉아 마음속 진정이 되지 않아 조용히 모니터만 바라보고 있었을 때가 있었다. 그런 나의 모습을 보신 팀장님이 내 자리로 다가와 말했다.

"아린님 괜찮아요. 이건 내가 처리할게요. 잠깐 숨 좀 돌리고 와요."

 그 한마디에 마음이 녹아내렸다. 일 때문인지 아니면 내 표정을 본 건지 알 수 없었지만 누군가가 이렇게 말해주는 순간이 나에겐 큰 위로였다. 팀장님은 늘 그랬다. 강요하지 않고 대신 나서주며 무겁고 딱딱한 분위기 대신 따뜻한 온기를 채워주는 사람이었다. 그 덕분에 회사 안에서 나다운 숨을 쉴 수 있었다. 팀장님과 함께 고마운 사람들로 동료 언니들도 있었다. 나보다 언니였지만 친구처럼 다가와 주었고, 때로는 진짜 언니처럼 나를 다정하게 챙겨주었다. 혼자 밥을 먹고 있을 때면 어김없이 "같이 가요~"라며 손을 끌어주었고 힘든 일이 있을 땐 누구나 할 것 없이 옆에서 나의 이야기를 들어주었다. 그런 일상적인 배려 하나하나가 나에겐 선물 같았다. 특히 점심시간, 식당 가는 길에 나누는 수다와 가벼운 농담들. 그 시간만큼은 아무 생각 없이 웃을 수 있었고, 나는 어느새 그런 시간을 기다리는 사람이 되어 있었다.

회사 생활이 힐링이라는 말이 믿기지 않을 수도 있겠지만, 나에겐 정말 그랬다. 아침에 눈을 뜨고 카페를 출근한다는 생각에 지치고 허덕이던 시절은 이미 지나갔다. 팀장님과 팀원들 덕분에 회사에 가고 싶어졌고, 하루하루가 더 단단해졌다. 어려운 일이 생겨서 털어놓았을 때 언제나 조언과 해결책을 도맡아 말해주는 언니들과 팀장님의 응원, 그런 소소한 모든 것들이 다시 살고 싶게 했다. 나도 모르게 잃었던 자신감을 되찾고 있었다.

지금도 그때의 나를 떠올릴 때마다, 팀장님과 언니들의 얼굴이 가장 먼저 떠오른다. 그들은 단순한 직장 동료가 아니라 내 삶의 한 시기를 따뜻하게 감싸준 사람들이다. 모두가 함께한 시간은 내 인생에서 가장 소중한 기억으로 남아 있다. 그리고 그 기억은 다시 무너질 뻔한 순간에도 나를 일으켜 세워주는 힘이 되었다. 누군가의 온기가 사람을 살린다는 것, 그걸 나는 회사에서 배웠다.

프로젝트가 마무리되어 갈 무렵, 팀원들과 떨어져 지내야 할 시기가 왔다. 작별의 순간은 너무나 아쉬웠다. 다른 팀으로 이동하게 되면서 나의 애착 팀장님과도 헤어지게 됐다. 팀장님은 평소처럼 조용한 미소로 내게 말했다. "어떤 상황에서도 아린님은 스스로를 지켜낼 수 있는 사람이에요. 저는 그걸 믿어요." 그 말에 눈물이 날 뻔했다. 마음속으로 얼마나 깊게 와닿았는지 모른다.

그들의 존재는 내 마음 한편에 여전히 살아 있다. 여전히 연락을 주고받고, 일상적인 안부 속에서 그때를 다시 떠올린다. 내 인생이 정말 어두웠던 시기에 회사라는 이름의 빛을 비춰준 사람들. 많은 사람 덕분에 스스로를 다시 믿게 되었고 혼자가 아님을 알게 되었다. 그래서 이 이야기는 내게 단순한 추억이 아니다. 다시 살아갈 힘을 준 가장 소중한 기억이다. 그렇게 정상적인 사람처럼 살고 있었다.

그래서 생각했다.

'이제 정말 우울증은 나았다.'

#7

너는 가끔이나마 멀쩡하던 내 일상을
억누를 수 없는 충동 사이로 밀어 넣고
나갈 수 없게 자물쇠를 걸어놔.

한참을 꺼내달라고 소리쳐도
들어주는 사람이 없어.

너는 이번에 약 수십 알을 먹으면
마음껏 죽을 수 있게 해주겠다고 말해.

그 말을 듣고 아무런
저항도 없이, 나는 그러자고 했지.

네가 또 찾아올 걸 뻔히 알면서도
나는 애써 눈을 감아.

그렇게 난 또다시
모든 일은 예상치 못하게 일어나고

이제 괜찮아졌다고 생각했다. 다시 무너질 일은 없을 거라고 그렇게 믿었다. 약도 줄였고, 일상도 회복됐고, 그렇게 스스로에게 수없이 말하며 버티고 또 다독였다. 회사에서도 웃었고, 친구들과의 모임에서도 웃었고 가족 앞에서도 괜찮은 척 잘 해냈다. 그래, 이 정도면 잘 살아가고 있다고 믿었다.

 그런데 이상했다.

 예전에는 아무렇지 않게 넘겼던 말들이 마음에 남기 시작했다. 작은 장난, 무심한 말, 짧은 표정 하나가 내 마음을 오래도록 찔렀다. 별일 아니라고 넘기려 해도 자꾸만 되새기게 되었고 조금이라도 기대에 못 미치면 스스로를 자책했다.

 '왜 난 이 정도밖에 안 되지?'
 '왜 난 아직도 이런 걸로 힘들어하지?'

 일은 점점 익숙해졌지만, 그 익숙함 속에서 이상하게 다시 돋아났던 감정은 쓸쓸해지고 있었다. 밤이면 숨이 막혔다. 눈을 감으면 가슴 한가운데에서 알 수 없는 짓눌림이 시작됐다. 출근 전 아침엔 괜히 짜증이 나고 이유 없이 울컥하고, 거울 앞에 선 모습이 낯설게 느껴졌다. 그 누구도 탓하지 않았고 아무도 비난하지 않았지만, 점점 나 자신이 무서워졌다. 내가 뭔가를 잘못하고 있는 건 아닌지, 누군가가 나를 실망스러워하고 있는 건 아닌지, 그런 생각이 하루에도 수십 번씩 머릿속을 맴돌았다. 스스로를 끊임없이 검열했고 또 나의 자책이라는 감정은 점점 나를 무너트리기 시작했다.

그러던 어느 날 밤, 내 우울증은 낫지 않았던 걸까?

 수많은 생각을 하다 번쩍 일어나 무언가를 결심한 채 조용히 책상 서랍을 열었다. 그곳엔 항상 정리해 둔 약통이 있었다. 늘 먹던 약들과 늘 위로받았던 이름들. 아무렇지도 않게 약을 꺼냈다. 한 알을 손에 쥐었고, 곧 두 알, 그 다음엔 세지도 못할 만큼 많은 알약이 손 위에 놓였다. 아마 60알쯤. 죽고 싶었던 건 아니었다. 정확히는… 그냥 내일이 오지 않았으면 좋겠다는 생각이었다. 너무 괴로웠고, 모든 걸 잘하고 싶었고, 잘 해내지 못한 내가 너무 미웠고 그 미움은 또다시 심장을 찌르기 시작했다.

 그렇게 그날 밤 내가 털어놓은 모든 약을 그대로 삼켜버리고 말았다. 고작 물 한 컵으로 넘기기엔 너무 많았지만 이상하게도 멈춰지지 않았다. 그저 지금 난 너무 지쳤고 더 이상 견딜 수 없다는 감정만이 온몸을 휘감았다. 눈을 감기 직전, 아주 잠깐 '내가 또 똑같은 선택을 했구나'라는 생각이 스쳐 지나갔다. 그 감정은 부끄러움도, 후회도 아니었다. 그냥… 고요했고 서글펐다. 외롭고 차가웠다. 창밖의 빛은 여전히 존재했지만 내 마음속 어둠은 아무것도 들이지 못했던 것이다. 그날 밤, 나는 조용히 사라지고 있었다. 그때 나는 내 목숨조차 하나의 흐릿한 감정처럼 느껴졌다. 지금 돌아보면 그것이 가장 마음 아프다. 나라는 존재가, 내 삶이, 단지 희미한 감정의 한 조각에 불과했다는 사실이. 목숨을 소중히 여기지 못하는 이 감정을 미워했지만, 그것 또한 모든 무기력함에서 비롯되었다는 것을 알고 있었다.

 그렇게 또 두 번째 시도 끝에 다시 응급실로 실려 갔다. 그날 밤 내가 무엇을 했는지 얼마나 위험했는지를 정확히 기억하지 못한다. 다만, 눈을 떴을 때 하얀 병원 천장이 천천히 움직이는 것을 느꼈고, 낯선 기계음과 간호사의 바쁜 발소리가 머릿속에서 진동하듯 울리고 있었다. 차가운 공기, 퀴퀴한 약 냄새, 팔에 꽂힌 주삿바늘. 아, 또다시 여기까지 와버렸구나. 이번에는 정말 끝일지도 모른다고 생각했던 순간에 나는 또다시 살아남아 버렸다.

약을 수십 알 삼켰고, 시간이 지나면서 몸이 점점 무거워졌다. 그런데 그 순간 이상하게도 '내가 정말 죽을지도 모른다'는 생각이 스쳤다. 문득 두려워졌다. 다시는 안 깨어나길 빌면서도 또 살아남길 바라며 본능적으로 24시간 상담센터에 전화를 걸었던 것이다. 정신을 잃기 전 횡설수설 말하는 나의 얘기들을 들은 상담사는 한마디를 꺼냈다. 나를 구해 줄, 내가 살아난 그 한마디.

"지금 당장 구급차를 부를게요."

그건 누군가가 다시 붙잡아주는 세 번째 손길이었다. 응급실의 차가운 공기, 중환자실의 희미한 불빛 그리고 침대에 누운 나를 말없이 바라보는 아빠의 눈빛. 그 속엔 화도 슬픔도 두려움도 모두 다 담겨 있었다. '죽고싶다'고 해놓고 '살려달라'고 애원하는 모순된 마음.

그렇게 난 또다시 살아남았다.

응급실에서 시간은 짧았지만 너무나 고통스러웠다. 중환자실에 누워 천장을 바라보았다. 양옆으로 들려오는 울부짖음과 살고 싶어서 아파하는 사람들의 절박한 목소리. 조용히 눈을 감았다. 진심으로 살고 싶어서 사투를 벌이는 사람이 있지만, 나는 너무도 하찮게 또다시 부모님의 가슴에 대못을 박았다. 그 사실이 가슴을 짓눌렀다. 응급실에서 퇴원한 뒤, 다음날 아무렇지 않은 얼굴로 다시 회사에 출근했다. 병원 침대에 누워 있었던 어제의 내가 마치 꿈이었던 것처럼 평범한 사람인 척, 아무 일도 없었던 사람인 척, 그렇게 하루를 시작했다. 회사 엘리베이터에서 마주친 동료가 내게 물었다.

"무슨 일 있었어요? 갑자기 결근해서 걱정했어요."

순간 멈칫했지만, 곧 작게 웃으며 말했다.

"아, 그냥… 저녁에 약을 좀 많이 먹었어요. 감기약이었는데, 좀 과했나 봐요. 몸이 안 좋더라고요."

그 말은 진심이 담긴 것도 사실인 것도 아니었다. 감기약이 아니라 항우울제였고, 몇 알이 아니라 수십 알이었다. 의도적으로 넘긴 약의 무게는 내 안의 어둠을 끝내고 싶었던 만큼이나 무거웠다. 한편으로는 사실대로 말하고 싶었던 순간도 있었지만, 그보다 먼저 떠오른 건 죄책감이었다. 회사는 일하는 곳인데 나 하나 때문에 누군가의 기분이나 업무에 영향을 주는 게 싫었다. 그래서 더 애써 괜찮은 척했다. 평소보다 더 밝게 인사하고 농담도 자주 하려 노력했다. 하지만 내 안은 자꾸만 무너지고 있었고 그 무너짐을 들키지 않으려고 할수록 더 외로워졌다.

아무도 깊게 묻지 않았다. 아니, 어쩌면 그들 역시 두려웠을지도 모른다. 누군가의 고통을 알아주는 일, 그것은 생각보다 어렵고 조심스러운 일이니까. 사무실 책상 앞에 앉아 멍하니 모니터를 바라보았다. 일은 손에 잡히지 않았고 머릿속은 흐릿했고 심장은 계속해서 빠르게 뛰었다. 누군가 내게 괜찮냐고 물어올까 봐 두려웠다. 동시에 아무도 묻지 않으면 서운할 것 같기도 했다. 그런 이중적인 감정 속에서, 나는 애써 웃는 척, 바쁜 척, 평범한 척 하루를 버텼다. 속은 찢어질 것처럼 아팠다.

가슴 깊은 곳에서부터 서러움이 치밀어 올랐다. '왜 이렇게 살아야 하지?'라는 질문이 목구멍까지 차올랐지만 그걸 뱉을 용기는 없었다. 눈물이 날 것 같아도 꾹 참았고, 화장실에 가서 조용히 손을 씻으며 울음을 삼키기도 했다. 내가 이렇게 멀쩡히 살아 있다는 사실이 오히려 무서웠다. 이토록 죽고 싶었는데, 지금 이 자리에서 또다시 '살아가는 연기'를 하고 있다는 게 끔찍하게 느껴졌다.

#8

부모님이 힘들어하셔.
내가 울 때마다 도대체 왜 그러냐며
뭐 때문에 그렇게 됐냐고 나를 탓해.
네가 날 이렇게 만들었다고 하면 이해해 주실까?
근데 나조차 네가 날 왜 찾아왔는지 모르겠는데,
그럴 때 나는 무슨 대답을 해야 해?

4장

무감정에도 살아야 하니까

무감정에도 살아야 하니까
여전히 살아가려는 감정

아무 탈 없이 살아가던 날이었다. 아주 평범한 날. 특별한 기쁨도, 슬픔도 없이 조용히 흘러가는 하루였다. 늦은 오후, 무심코 휴대전화를 들어 인터넷 뱅킹에 접속했다. 매달 자동이체 되는 금액과 고정 지출을 하나씩 확인하며, 익숙한 화면을 스르르 내려보다가 문득 잔고란에 눈이 오래 머물렀다. 그리고 그 순간 말로 설명할 수 없는 불안감이 조용히 그러나 아주 깊고 세차게 가슴을 밀고 들어왔다.

 잔고는 예전보다 분명 줄어 있었다. 예상했던 수준이 아니었다. 그제야 내 지출을 되짚어보았고, 카페를 폐업한 이후, 수입 없이 지내왔던 시간이 얼마나 크게 영향을 미쳤는지를 실감하게 되었다. 순간 머릿속이 하얘졌다. '어떻게 해야 하지?'라는 생각만이 반복되었고, 그 흔한 해결책 하나조차 떠오르지 않았다. 마음속 어딘가에서 오래전부터 알고 있었지만 애써 외면해 왔던 진실을 정면으로 마주 보았다. 계좌 잔고를 확인한 그 순간부터 이상하리만치 조용해졌다. 단지 가슴 깊은 곳 어딘가에서 조금씩 금이 가기 시작했다. 눈앞의 숫자는 현실이었지만 더 크게 무너지고 있는 건 내 마음의 지지대들이었다.

'또 이러네.'
'나는 왜 항상 이 모양일까.'

 그런 생각들이 무표정한 얼굴 위로 서서히 흘러내렸다. 입 밖으로 소리를 낼 순 없었지만 내 안에서 조용히 울리고 있는 말이 하나 있었다.

'너는 또 무너지는 거야.'

무너짐의 징조
무너짐은 조용히 찾아오기 마련이다.

무너짐은 어느 날 갑자기 찾아오지 않는다. 언제나처럼 조용히, 조금씩, 아주 천천히 내 안을 허물고 있었을 뿐이다. 또 전과 같이 충동적인 결정을 하기 시작했다. 어떻게든 무엇인가를 해야 할 것 같았다. 안 그러면 숨이 막힐 것 같고 정신이 터질 것 같고 나라는 존재가 산산이 부서질 것 같았다. 불안은 내 일상을 갉아먹고 있었다. 아침에 눈을 뜨는 것조차 두려웠다. 오늘 하루를 또 어떻게 버텨야 할까. 내가 먹는 밥 한 끼가 죄책감이 되고, 누군가에게 부탁을 건네는 말 한마디가 큰 짐처럼 다가왔다. 경제적 불안은 생각보다 훨씬 더 깊은 곳까지 사람을 흔든다. 돈이 없다는 건 단지 하고 싶은 걸 못 한다는 의미가 아니라 생존 그 자체를 위협받는 느낌이었다. 그런 무게에 깔려 점점 희미해지고 있었다. 그래서 생각했다. '이대로 주저앉을 순 없어. 다시 스스로 일어설 수 있는 발판이 필요해.'

 누군가가 끌어주는 것도 좋지만, 결국 내 삶은 내가 책임져야 하고 그 시작은, 아주 작은 움직임에서부터 시작된다는 걸 그땐 잘 몰랐다. 문득 떠오른 건, 내가 평소 집에서 홀로 시간을 보내며 하던 작은 취미였다. 아무도 시키지 않았고, 누구에게 보여주기 위한 것도 아니었지만, 그저 내 손으로 무언가를 만들고 있다는 사실 하나만으로 마음이 조금은 안정됐던 그 순간들. 조용한 새벽, 비즈를 꿰어 열쇠고리를 만들고 알록달록한 파츠를 하나하나 골라 핸드폰 케이스를 꾸미고, 귀엽고 화려한 그립톡을 조합해 올려놓을 때면 잠시나마 머릿속에서 모든 소음이 사라지는 듯했다.

 온 세상이 등을 돌린 것 같은 외로움 속에서도, 그 작업을 할 때만큼은 오롯이 존재감을 느낄 수 있었다. 누구에게도 해를 끼치지 않고 상처 또한 받지 않으면서 할 수 있는 유일한 일이었다. 그래서 그런 취미가 언젠가 누군가에게 작지만 예쁜 위로가 될 수 있지 않을까 하는 생각이 들었다. 이런 소소한 치유의 작업을 단지 취미로만 두기에는 그 안에 담긴 내 감정들이 아깝게 느껴졌다. 그래서 조심스럽게 결심했다. 정말 작고 사소할 수 있지만 나만의 쇼핑몰을 한번 열어보자고. 처음부터 누구보다 잘하고 싶었지만 동시에 스스로를 너무 몰아붙이지 않기로 했다.

 천천히, 아주 천천히. SNS 계정 하나를 만들고, 무료로 쓸 수 있는 웹사이트를 찾아 가입하고, 직접 만든 작품들을 조심스레 꺼내 사진을 찍었다. 설명을 쓸 때마다, 상품을 한 개 한 개 올릴 때마다 마치 조금씩 무너졌던 나를 다시 세우는 것 같았다. 하지만 동시에 마음 한구석엔 불안이 함께 있었다.

'혹시 또 아무도 관심 가져주지 않으면 어쩌지.'
'또 실패하면 어쩌지.'
'이번에도 내가 나를 실망시키면 어쩌지.'

 그럼에도 불구하고 움직였다. 아주 조심스럽지만, 단단한 마음으로 조금씩 세상을 향해 열어보기로. 그렇게 아주 작고 조용한 희망 하나가 싹트기 시작했다. '우울'이라는 감정은 무엇인가가 부족하기에 생기기도 한다. 그 부족한 점을 '충동'이라는 감정이 채워주며, 그 충동은 언젠가 '후회'로 남게 된다. 나는 그 사실을 몰랐다. 그저 내 본능대로 하면 되는 줄만 알았다. 분명 다시 시작하고 있었다. 아주 작은 규모로, 하지만 분명한 의지를 가지고. 그렇게 다시 나를 위한 일을 하고 있었고 스스로 살아갈 이유를 만들어가고 있었다.

 하지만 차가운 현실은 생각보다 냉정했고 수많은 물건은 누구의 관심도 받지 못한 채 조용히 잊혔다. 판매 건수는 멈춰 있었고 매출은 숫자조차 올라가지 않았다. 늘 다짐했던 것처럼 스트레스 받지 않으려 했고 '그냥 취미니까 괜찮아' 하며 스스로를 달랬다.

참 쉬운 나의 절망들
나에게는 절망이라는 감정이 1순위였다.

쇼핑몰을 시작하고 몇 달이 지났다. 몇 개의 주문, 몇 개의 리뷰, 몇 개의 반응들. 아주 작은 변화에도 일희일비하며 스스로를 다잡던 어느 날, 낯선 번호로 걸려 온 전화가 하나 있었다.

"안녕하세요, 마케팅 회사입니다. 대표님 쇼핑몰을 보고 연락드렸어요."

그 한 문장이 심장을 뛰게 했다. 누군가 그것도 회사가, 내 쇼핑몰을 봤다는 사실 하나만으로 조금 기뻤다. 전화를 건 상대는 부드러운 목소리로 내 쇼핑몰을 극찬했다. 디자인이 좋고, 상품이 매력적이고, 시장성도 충분히 있다고 했다. 그리고 곧바로 현실적인 이야기가 이어졌다.

"지금 매출이 없는 건 마케팅이 없기 때문입니다. 저희가 도와드릴 수 있어요."

그 말이 얼마나 솔깃했던지, 모니터 앞에 앉아 가슴을 졸이며 상담을 이어갔다. 어쩌면 이게 기회일지도 모르겠다고 생각했다. 내 쇼핑몰이 정말 살아날지도 모른다고, 드디어 사람들이 알아봐 줄지도 모른다고 생각했다. 하지만 모든 일에는 대가가 필요했다. 비용을 묻는 순간 조용히 침묵했다. 상대는 몇백만 원 단위의 견적서를 들이밀었고, 거기선 아무 말도 할 수 없었다. 그 금액은 지금으로써는 나에게 너무나도 큰 금액이었다. 입술을 깨물며 말했다. "죄송합니다. 지금은 어렵습니다." 전화를 끊는 순간 숨이 턱 막혔다. 기회를 놓쳤다는 사실보다 돈이 없어서 기회를 잃었다는 현실이 처절하게 다가왔다. 거실 바닥에 앉아 멍하니 핸드폰을 바라보았다. '내가 만든 이 쇼핑몰은 결국, 돈이 없어서 더 나아가지 못하는 건가?'라는 생각이 머릿속을 지배했다. '그동안 열심히 일하며 모은 돈은 다 어디로 간 걸까?' 무엇 하나 내 뜻대로 되는 것이 없었다. 매일같이 쇼핑몰 관리 페이지를 열었다. 그리고 또 같은 자리에서 한숨을 쉬었다.

'주문 0건'이라는 문구가 차갑게 날 맞이했고, '오늘도 방문자 1명'이라는 숫자는 존재감마저 무너뜨렸다. 또 예전처럼 숫자에 집착하게 되었고, 숫자가 나를 평가하는 것처럼 느껴졌다. 나의 가치는 팔리는 수만큼만 인정받는 것 같았다. 아무도 사지 않는 물건처럼, 아무도 기억하지 않는 사람처럼 또 그렇게 잊히는 사람이 되어갔다. 이미 한 번의 실패를 겪고도 또다시 새로운 시도를 하려 하고 있었다. 누구보다 잘 알고 있었다. 내가 어떤 선택을 했고 그 결과가 얼마나 아팠는지. 무너졌던 그날들의 잔해가 아직도 마음 구석구석에 남아 있는데 또 무언가를 시작하고 있었다. 문득 그런 자신을 돌아보며 숨이 턱 막혔다.

'나는 왜 이렇게 멈추지 못할까.'
'왜 또 뭔가를 시작하지 않으면 견디지 못하는 걸까.'

정말이지 한탄이 밀려왔다. 욕심도 많고, 충동도 많고, 감정에 쉽게 휘둘리는 나라는 사람. 스스로도 통제할 수 없는 이 불안정함이 다시 나를 구석으로 몰아넣고 있었다. '또 실패하면 어쩌지'라는 생각이 아니라 '실패해도 멈추지 못할 거야'라는 절망이 더 무서웠다. 매일 마음은 출렁였고, 무언가를 해보겠다는 다짐과 들뜬 하루의 시작이, 저녁이 되면 눈물로 끝났다. 감정의 기복이 너무 커서 몸이 아프기도 했다. 아무리 다독여도 아무리 괜찮다고 스스로를 설득해도 진정되지 않았다. 나를 사랑해 주는 사람들이 곁에 있음에도 나에게 실망하고 또 실망했다. 이러다 다시 예전으로 돌아갈까 봐. 바닥까지 내려갔던 그 지옥 같은 어둠 속으로 다시 빠져들까 봐. 그게 너무 무서웠다. 고요를 넘어선 정적이 온 집안을 감싸고 있었다. 그 침묵의 거실 한가운데, 조명조차 켜지 않은 채 웅크리고 앉아 있었다. 그렇게 아무도 없는 공간에서 문득, 아주 낯익은 생각 하나가 스쳐 지나갔다. 알 수 없는 우울이란 감정이 나를 지배한 것이다.

'아, 지금이 정말 그때인가 보다.'

익숙한 이 감정. 한순간에 조용히 추락하는 듯한 느낌. 너무나 익숙했다. 아주 천천히, 아주 조용히. 절망은 언제나 그렇게 찾아왔다. 마치 오랜 친구처럼 언제든지 내 곁에 돌아올 준비가 되어 있었던 것처럼. 애초에 떠난 적이 없던 것처럼.

요즘은 어떠냐는 의사 선생님의 말에
그냥 이대로 죽고 싶다고 했어.

계속 계속 힘들다고
살기 싫다고 칭얼거렸어.
그러면 약만 더 쎄질텐데.

그래서 내가 선택한 방법이야.
이 약을 수백 알 먹어야 한다는 방법.

그럼 난 이제 고통에서 벗어날 수 있겠지?

한 번쯤은, 정말 아무것도 느끼지 않고
깊은 잠에 빠지고 싶었거든.

다시는 눈뜨지 않게.

그게 나만의 탈출이니까.

그리고 결정하다

이 모든 것들이 끝난 줄 알았다. 다시는 어둠 속으로 끌려가지 않으리라 다짐했었고, 이젠 정말 다 벗어 났다고만 생각 했었다. 그런데 지금, 아무 소리도 들리지 않는 방 안에서 다시 모든 것들이 나를 조여오고 있었다. 가장 먼저 떠오른 건, 처방받은 정신과 약이었다. 머릿속엔 온통 약통만이 선명히 그려졌다. 알약의 색깔, 질감, 그 차가운 감촉이 손끝에서 되살아났다.

다시 위험한 유혹 앞에 서 있었다. 그때 다짐했던, 절대는 다시 하지 않겠다는 다짐. 그 다짐을 비웃는 목소리로 마음속 깊은 곳에서 가장 쉽고 익숙한 방법은 이것뿐이라는 듯 나를 부르고 있었다. 어차피 한번 해봤던 건데 두 번 하는 게 어려울까? 아니었다. 정말 익숙하고 간결한 방법임은 틀림없었다.

'아, 이번엔 정말 하면 안 되는데…'

작게 혼잣말을 했다. 하지만 그 말 한마디로는 부족했다. 내 머릿속은 이미 수 많은 목소리로 가득했다.

'지금이 기회야.'
'괜찮아, 한 번이면 돼.'
'어차피 다시 이 지경인데 뭘 기대해.'

목소리들은 하나같이 날카롭고 잔인했다. 또다시 그렇게 난, 무력해지고 있었다. 그리고 그 무력함이 나를 천천히 바닥으로 끌고 내려갔다. 심장이 뛰고 있어도 숨 쉬는 것이 버거웠다. 세상이 멍하게만 보였다. '톡'하고 한 순간 모든 감정이 꺼진 것 같았다.

'그냥 조용히 먹고 누워있자.'

 그 목소리는 마치 오랜 친구처럼 다정했고, 설득력 있었다. 그러면서도 아주 낯선 사람의 목소리처럼 무서웠다. 내가 단 한 번도 이겨본 적 없던 어둠. 매번 고개를 끄덕이게 했던 너. 짙어 오는 것을 밀어내지 못하고 나는, 그렇게 밀려오는 어둠을 그대로 받아들였다. 안방 탁자 옆 약들, 수많은 밤. 약들을 삼키며 다시 하루를 버텨냈고 또다시 살아 돌아왔었다. 그러나 그날은 달랐다. 아무런 계획이 없었다. 그저 너무 지쳐버린 마음이 무게를 감당하지 못해 내려앉아 버린 것이었다. 손은 떨렸고, 눈에서는 눈물이 멈추지 않았다. 하지만 그 와중에도 약을 꺼내 들었다. "괜찮아. 이번엔 정말 끝이니까." 그렇게 말하며 스스로를 설득하고 있었다. 참 아이러니했다. 살아야 한다고 매일 같이 되뇌던 내가, 이제는 또 조용히 끝내야 한다고 스스로를 안심시키고 있었으니.

'역시 우울증은 나아지지 않았구나.
 그건 내 착각이었고, 난 끝까지 자제력이 부족한 사람이었구나.'

 이 문장이 머릿속에 떠올랐을 때 이미 그 선택의 기로에 발을 들여놓고 있었다. 여전히 난 나약했고 여전히 난 아무것도 벗어나지 못한 채로 그 자리에 있었다. 남들에겐 아무렇지 않은 하루가 내겐 온몸이 으스러지는 하루였다. 숨을 쉬는 것조차, 세수하는 것조차, 누군가에게 안부를 묻는 것조차 버거웠다. 눈물은 계속해서 흘렀다. 그 눈물은 어떤 감정의 결과가 아니었다. 넘쳐흘러 버린 무언가였다. 말로 설명할 수 없는, 하지만 너무 선명한 감정의 파편들. 그리고 그 수많은 눈물 속에서 결국 나는 고개를 떨구었다.

'이번엔… 진짜로 끝내야 할지도 몰라.'

그게 그날, 떠올린 마지막 생각이었다. 약을 손에 쥐고 천천히 입안에 넣었다. 그리고 물을 마셨다. 하나, 둘, 셋… 알약은 생각보다 더 빨리 목을 넘어갔고, 구역질이 나기 시작했다. 지금까지 먹은 약들을 전부 토해낼 것 같았지만, 그 고통을 참고도 계속 약을 삼키기 시작했다. 속이 뜨거워지기 시작했다. 그리고 그 순간에도 목소리들은 쉬지 않고 있었다.

"괜찮아. 아프진 않을 거야. 이번엔 편안하게 끝날 수 있을 거야."

엉킨 목소리들은 뭐가 됐든 이제 나를 안심시켰다. 핸드폰은 진동 모드로 바꾸고, 불이란 불은 전부 꺼버리고 천천히, 아주 천천히 나는 어둠 속으로 사라지고 있었다. 심장은 여전히 뛰고 있었지만, 이미 어딘가에 닿아 있는 듯한 느낌이었다. 무엇이 그토록 지치게 했을까. 무엇이 그렇게 나를 아프게 했을까. 더 이상 알 수 없었다. 그저 끝내고 싶다는 마음 하나만이 온통 덮고 있었다. 누구에게도 알리지 않고 누구에게도 미안하다고 말하지 않고 그저 그렇게 조용히, 사라지고 싶었다.

남자 친구에게 연락이 와도 받지 않았다. 아니, 이미 정신이 끊겨 받을 힘조차 없었다. 뒷일은 중요하지 않았다. 내가 사라진 후 남겨질 상처와 충격, 그들의 눈물까지도 그 순간만큼은 내 머릿속에서 지워져 있었다. 그날 밤, 모든 게 무너지고 있었던 그 순간, 마지막이라는 마음으로 조용히 SNS를 켰다. 손끝이 떨리고 눈앞이 흐릿했지만, 화면을 밝히고 천천히 글을 쓰기 시작했다. 너무 긴 말은 아니었다. 길게 쓰면 얼마나 힘든지를 스스로 다시 들여다보게 될까 봐 두려웠다. 그냥 짧게, 그러나 분명히. 이젠 더는 버틸 수 없다는 마음, 이제 그만하고 싶다는 말을 담았다. 누구에게 쓴 글인지도 몰랐다. 그냥… 아무나 봐줬으면 좋겠다고 생각했다. 하지만 동시에 아무도 보지 않았으면 좋겠다고 생각했다. 갈피를 못 잡고 있던 그 속에서도 손가락은 멈추지 않았다. 내 글이 마지막 인사처럼 보이길 바라면서도 혹시 누군가 눈치채고 나를 찾아줄까 하는 희망 아닌 희망을 걸고 있었다. 어쩌면⋯ 또 죽고 싶지 않았던 걸지도 모른다.

 하지만 그 감정조차 흐릿했다. 마치 물속에서 울음을 터뜨리는 것처럼, 모든 감정이 왜곡되고 뒤섞였다. 그저 너무 힘들었고, 너무 외로웠고, 너무 아팠다. 살아 있는 것이 죄처럼 느껴졌고, 무기력한 하루들이 나를 갉아먹고 있었다. 더는 그런 하루를 견딜 수 없었다. 숨이 막히고, 가슴이 조여오고, 눈물은 이유 없이 흘러내렸다. 글을 올리고 나서 휴대폰을 손에 쥐고 있었다. 혹시 누군가 연락이 올까. 혹시 누군가 '괜찮냐'고 물어봐 줄까. 그때 생각하면 나는 누군가의 애정을 강하게 필요했던 것 같다. 부모님의 사랑? 친구들의 관심? 남자친구의 걱정? 무엇이었는지는 정확히 모르겠지만, 분명히 원하고 있었다. 하지만 휴대폰 알림은 조용했다. 침묵 속에서 나는 점점 세상과 멀어지는 것 같았다. 그러다 어느 순간, 모든 소리가 멀어지고 빛이 꺼졌다. 정신을 잃기 전 마지막으로 스친 것은, 내가 정말 한심하다는 생각이었다.

 몇 시간이 채 지나지 않아 다시 응급실에 실려 갔다. 의식이 희미하게 남아 있었는지도 모르겠다. 병원 천장의 형광등 불빛이 어렴풋이 눈에 들어왔고 희미한 소음과 간호사들의 발걸음이 들리는 듯했다. 그러나 몸은 움직일 수 없었고 말도 나오지 않았다. 또 한 번 나는 나를 무너뜨리고 말았다. 잔잔했던 일상에 다시 거센 불꽃이 튀었고 그 속에서 또다시 타올랐다. 아무도 몰랐으면 좋겠다고 생각하면서도 동시에 누군가가 구해 주길 간절히 바랐던 그 이중적인 마음. 너무나 창피했고, 너무나 서글펐다.

그 글을 본 친구가 있었다. 늦은 밤, SNS에 올라온 그 짧은 글 한 줄을 보고 친구는 무작정 우리 집으로 택시를 타고 달려왔다고 한다. 아마도 그때 이미 의식을 잃고 있었을 것이다. 친구는 나를 발견하고 놀란 손으로 구급차를 부르거나 무언가를 찾고, 애타게 몸을 흔들었을 것이다. 그 모습을 상상하기만 해도 가슴이 찢어진다. 친구 덕분에 죽어있던 삶에서 다시 살아났다. 그 친구에게 헤아릴 수 없이 큰 미안함과 고마움을 동시에 느꼈다.

 정신이 든 후, 병원의 흰 벽을 바라보며 한없이 울었다. 눈물이 흐르고 또 흘렀다. 너무 부끄러웠고 살아남은 것이 기적처럼 느껴졌다. 그러면서도 문득 아주 어리석은 생각이 들었다. '나는 죽을 수 없는 운명인가.' 그렇게 두 번, 세 번을 반복해도 살아있었다. 다시 눈을 떴고, 다시 숨을 쉬었고, 다시 이 현실로 돌아왔다. 어쩌면 이건 벌일까, 아니면 또 다른 기회일까. 하지만 한 가지는 분명했다. 그날 밤, 또 한 번 스스로를 놓으려 했고 그럼에도 누군가의 손이 다시 이 세계로 끌어당겼다는 사실.

 친구의 눈물, 병원 침대 위에서의 고통, 그리고 그 순간마다 잊지 않고 나를 떠올려 준 사람들. 그들의 기억 속에서 아직 나는 살아 있었다. 그리고 그 사실이, 내 생에 가장 처절하면서도 가장 감사한 진실이었다. 삶은 사라지고 싶었던 나를 끝끝내 잊지 않았다. 병원 침대 위에서, 침묵으로 무너졌던 나를 눈물로 기억해 준 친구가 있었고 한참 동안 연락하지 못했던 어느 지인의 짧은 메시지 안에서도 여전히 누군가의 마음에 머물러 있었다. 아무 말도 없이 사라지고 싶었던 나를 누군가는 여전히 떠올리고, 염려하고, 기억해 주었다. 그날 이후 나는 '사람은 모두 누군가의 소중한 기억 속 살아 있는 사람'이라는 것을 깨달았다.

#10

눈을 떠보니 응급실.

늘 보던 장면이다.

내 팔에 꽂힌 날카로운 주삿바늘
내 옷은 차가운 환자복으로 입혀져 있었고
내 옆엔 모든 걸 포기한 듯한 아빠의 눈빛이 있었다.

집에 가고 싶어. 쉬고 싶어. 나 죽고 싶지 않아.

내 진심이었다.

5장

버티다 무너졌고,
무너져서 다시 살아졌다

버티다 무너졌고, 무너져서 다시 살아졌다
언제나 다시 일어설 수 있는 힘

눈을 떴다. 희미한 불빛이 눈을 찔렀다. 너무나 낯익지만 동시에 낯선 풍경이었다. 역시나 중환자실에 누워 있었다. 차가운 환자복을 입고 있었고, 몸에 연결된 의료기기들과 소변줄이 나의 상태를 설명해 주고 있었다. 숨을 크게 들이마시자, 머리가 깨질 듯 아팠고, 몸은 무겁고 감각이 둔했다. 마치 내 몸이 아닌 것 같았다.

'왜 여기 있지?'

머릿속은 하얗게 비어 있었고 기억은 조각조각 흩어져 있었다. 분명히 어젯밤, 어둡고 조용했던 그 순간이 떠오르려 했지만 흐릿한 안개 속처럼 손에 잡히지 않았다. 잠시 후 문득 엄마, 엄마의 얼굴이 떠올랐다. 아주 짧고 강렬했던 그 눈빛. 애처롭고, 절박하고, 너무나도 슬펐다. 단 한 번도 본 적 없는 표정이었다. 사랑하는 사람을 잃을지도 모른다는 두려움 그 고통이 얼굴에 고스란히 새겨져 있었다.

몸을 겨우 일으켰다. 머릿속은 여전히 안개가 낀 것처럼 멍했고, 온몸은 낯선 중력에 끌리는 듯 무거웠다. 침대 시트의 감촉, 팔에 꽂힌 주삿바늘, 삑삑대는 기계음이 하나하나 생생하게 다가왔다. 눈을 돌리자, 아빠가 보였다. 누워있는 내 옆에 가만히 서 있었고 어깨는 축 처져 있었으며, 아무 말 없이 깨어난 나를 멍하니 바라보고 있었다. 아빠의 얼굴은 굳어 있었고 눈빛은 깊은 고요 속에 잠겨 있었다. 분노라기보단, 상실감에 가까운 감정. 사랑하는 사람에게서 조차 돌아설 수밖에 없는 한계에 도달한 눈빛이었다. 차마 그 눈빛을 마주할 수 없었다. 그저 천장을 잠시 응시하다가 이불을 만지작거렸다. 그렇게 몇 분이 흘렀을까, 침묵이 내 폐를 조여오는 듯해 나는 겨우 입을 열었다.

"아빠 나 퇴원하고 싶어. 집에 가고 싶어."

 목소리는 남모르게 떨렸고, 속마음의 불안함이 그대로 드러나 있었다. 집이라는 단어에 온 힘을 실었다. 그곳이라면 조금은 숨을 쉴 수 있을 것 같아서, 도망치듯 매달렸다. 하지만 아빠는 움직이지 않았다. 고개도 돌리지 않고, 정면만 바라보았다. 정적이 무겁게 내려앉았다. 그리고 아주 낮은 목소리로 말했다.

"너 죽었잖아."
 그 말이 칼날처럼 가슴을 파고들었다. 할 말을 잃었다.

"죽었는데, 뭘 집에 가?"
 아빠의 두 번째 말은 더 날카로웠고, 더 슬펐다. 당황한 듯 머리를 흔들었다.

"아니야 아빠. 회사에 가야 돼. 내일 가야 돼. 안 가면 회사 잘릴 수도 있어."

 말을 꺼내면서도 지금 무슨 말을 하고 있는지 알 수 없었다. 회사를 걱정하는 나, 응급실에 실려 온 나. 도저히 연결되지 않았다. 스스로도 앞뒤가 맞지 않는다는 걸 알았다. 하지만 그 말 외에는 꺼낼 수 있는 게 없었다. 무서웠다. 내 인생이 도대체 어디까지 무너졌는지를 스스로 확인하고 싶지 않았던 것 같다. 아빠는 고개를 천천히 돌려 나를 바라봤다. 그 눈빛은… 담담하면서도 너무 슬펐다. 말로 하지 않아도 느껴지는 절망. 그 눈 안에 맺힌 수많은 감정이 쏟아질 듯했지만 아빠는 그걸 꾹 참았다. 다시 입을 열 엄두도 내지 못한 채, 조용히 눈을 감았다. 병원 특유의 소독약 냄새와 기계음만이 귓가에 맴돌았다. 그렇게 아빠와 말할 수 없는 감정들이 쌓여만 갔다. 아빠의 말처럼 나는 죽어 있었다.

 침대 위에서 천장을 바라보며 조용히 눈물을 흘렸다. 눈물은 뜨거웠지만 아무 소리도 나지 않았다. 사실 소리조차 내기 어려울 만큼 마음이 아팠다. 차가운 눈물만이 볼을 타고 흘러내릴 뿐이었다. 그들이 얼마나 놀랐을지, 얼마나 두려웠을지 모두 알고 있었다. 그런데도 내 입에서는 자꾸만 미안하다는 말 대신, 더 큰 상처를 주는 말들만 나왔다. 어쩌면 단지 위로받고 싶었던 것일지도 모른다. 하지만 내가 내뱉는 말 한마디 한마디가 그들에게 또 한 번 비수가 되어 꽂히고 있다는 사실을 깨달은 건, 너무나 늦어버린 후였다.

'도대체 지금까지 나는 무슨 짓을 한 걸까?'

 하지만 이미 돌이킬 수 없는 상황이었다. 이토록 절실하고 진실한 사랑 앞에서도 왜 자꾸만 무너져 내리고 있는 걸까? 그 사실이 너무 괴로웠다. 나를 위해서라면 무엇이든 할 수 있을 것 같은 그들의 모습을 보며 이렇게밖에 할 수 없었다는 사실이 더욱 미웠고 더욱 원망스러웠다. 침대 위에서 내가 살아남았다는 안도감보다, 그들을 괴롭게 만들었다는 사실이 더 깊이 괴로웠다. 차라리 아무나 나에게 화를 냈다면, 큰 소리로 꾸짖었다면 조금이라도 마음이 편했을지도 모른다. 하지만 아무도 내게 화내지 않았다. 아무도 큰 소리로 꾸짖지 않았다. 오직 슬픈 침묵만 둘러싸고 있었다. 그들이 미안해할 이유가 전혀 없는데도 그들은 마치 자신들의 잘못인 것처럼 나를 바라보고 있었다. 그렇게 바라볼 때마다 또다시 마음이 찢어지는 것 같았다.

'도대체 왜 이렇게밖에 할 수 없었던 걸까?'
'왜 조금 더 강해지지 못했던 걸까?'

내가 죽으려고 했던 건
살고 싶어서가 아니었을까.

사실 죽으려고 했던 건 정말 죽고 싶어서가 아니었다. 이 고통스러운 순간들이 끝나길 원했을 뿐이었다. 하지만 그런 선택을 할 때마다 내 주변의 사람들이 더 고통스러워지고 있다는 걸 깨달았다. 벗어나고 싶었던 고통은 오히려 사랑하는 사람들에게 더 깊이 전해졌다. 그것이 나를 더 절망하게 했다. 영원히 사랑받을 자격이 없는 사람이 된 것 같았다. 난 늘 그들에게 큰 짐만 되는 것 같아 두려웠다. 하지만 아무도 내 손을 놓지 않았다. 아무리 여길 떠나려고 해도 그들은 더욱더 꽉 나를 붙잡았다. 그런 그들의 사랑에 내 어둠은 결국 지워졌다. 그러면서도 고맙다는 말을 할 수 없었다. 그저 침대 위에서 조용히 흘리는 눈물 속에서 다짐했다. 다시는 이런 일로 그들을 아프게 하지 않겠다고. 더 이상 상처를 주는 게 아니라, 멀쩡히 살아서 이겨내는 모습을 보여주는 것이 진정한 위로가 될 수 있음을 깨달았다. 그러니 계속 살아야 했다. 소중한 사람들 앞에서 다시 한번 살아내야 했다. 그들이 나를 포기하지 않은 것처럼, 나도 나 자신을 포기하지 않고 살아가는 모습을 보여줘야 했다.

그날 밤, 천장을 바라보며 오랫동안 울었다. 하지만 그 눈물은 더 이상 슬픔이 아니었다. 그것은 미안함이었고, 이제 다시는 포기하지 않겠다는 다짐이었다. 그렇게 나는 천천히 다시 살아가기 시작했다. 그들 앞에서 조금씩, 아주 조금씩 살아내는 모습을 보여주기 위해. 응급실에서 나를 바라보던 아빠의 마음은 어땠을까? 그날 생각 없이 무심코 내뱉은 말 한마디, "회사에 가야 해. 오늘 퇴원시켜줘." 그 한마디가 얼마나 그를 무너뜨렸을까? 다시 생각해 보면 너무 잔인했다. 죽음을 여러 번 반복하는 딸의 모습에도 항상 모자람 없이 사랑만 주었던 아버지. 누구보다 걱정하며 밤새 내 옆을 지킨 그런 아버지 앞에서 나는 뻔뻔하게, 아무 일도 없었다는 듯 회사를 걱정하고 있었다.

 병실 안은 항상 소음으로 가득했다. 거기엔 많은 고통의 소리가 있었다. 신음, 흐느낌, 울부짖음. 누구는 살고 싶어서 아파했고, 누구는 죽음과 싸우고 있었다. 그 가운데 이제야 겨우 제정신이 돌아온 내가 누워 있었다. 머릿속이 어지러웠다.

 '나는 이 병실에 있어야 할 자격이 있을까?'

 머릿속은 수많은 생각으로 복잡했다. 아빠는 아직도 화가 나 있을까? 내가 한 말이 얼마나 무책임하고 아팠을까? 그 말이 그의 가슴에 얼마나 깊은 상처를 남겼을까? 남자친구는 이런 모습을 보고 내 곁을 떠나지는 않았을까? 엄마는 또 얼마나 마음이 아팠을까? 수많은 걱정들이 물결처럼 일어났다가 가라앉기를 반복했다. 그러나 그 어떤 것도 끝내 답을 주지 않았다. 결국 기다릴 수밖에 없었다. 퇴원하기까지의 시간만을 셌다. 그 시간은 너무도 느리게 흘러갔다. 병원은 답답했고, 무료했다. 소변줄을 달고, 기저귀를 차고, 침대에서 벗어나지도 못한 채 하루를 보냈다. 소변줄은 불편하고 아팠고, 화장실도 가지 못하는 내 신세가 처량했다. '그럴길래 왜 그런 행동을 해서 이 고생을 하는 거야?' 하는 질문을 스스로에게 했다. 눈을 감고 천장을 바라보고 다시 눈을 감았다. 작은 창문 너머로 흐릿하게 스며드는 햇살조차 먼 세상의 풍경 같았다.

 몸은 병실 안에 있었지만, 마음은 끝없이 흔들렸다. 다시는 이런 고통을 겪고 싶지 않았다. 하지만 동시에 지금 느끼는 부끄러움과 미안함은 분명 아직 살아 있다는 증거라고 생각했다. 그리고, 그 증거를 붙잡고 싶었다. 그렇게 시간이 조금씩 흘렀다. 혼자만의 생각이 너무 많았던 걸까? 병실의 공기에도, 내 마음속에도 아주 조금씩 '회복'이라는 단어가 스며들기 시작했다. 여전히 나는 누워 있었고, 몸은 무거웠으며, 감정은 하루에도 몇 번씩 요동쳤지만… 이상하게도 작은 희망이 마음 한구석에 자리를 잡기 시작했다.

 퇴원을 생각하면 '잘 지낼 수 있을까?', '또 무너지면 어떻게 하지?' 같은 생각들로 마음이 흔들렸지만, 대신 천천히 마음속으로 다짐했다. 이번에는 혼자 버티지 않겠다고. 도움을 요청하겠다고. 사랑하는 사람들에게 솔직히 털어놓겠다고. 나는 아직도 흔들리는 사람이다. 완벽하게 나은 것도 아니고 어떤 날은 다시 어두운 마음이 올라올 때도 있다. 하지만 적어도 이젠 알게 되었다. 스스로가 얼마나 소중한 존재인지. 그리고 그 소중함을 지키기 위해 나를 아껴야 한다는 걸. 내가 사랑하는 사람들을 생각하면서 살아가야 한다는 것을.

 그리고 그날 밤, 퇴근을 마치고 온 아빠가 나를 데리러 왔다. 늦은 시간이었다. 그래도 기뻤다. '아, 이제 집에 가는구나.'라는 생각에 들떴다. 아빠는 말없이 짐을 챙겼다. 그 모습을 그저 바라만 보았다. 평소와는 전혀 다르게 아빠는 나와 어떤 대화도 시도하지 않았다. 마치 다른 사람처럼 느껴졌다. 퇴원 수속은 생각보다 빠르게 진행되었고 그렇게 병원을 나왔다. 늦은 밤의 공기는 싸늘했고, 아빠는 묵묵히 차 문을 열어주었다. 나는 아무 말 없이 조수석에 올랐고, 안전벨트를 매며 조용히 속삭였다.

아빠와의 첫 충돌
충돌은 깨달음을 위한 과정일 뿐이다.

"이제 집에 가는 거지…?"

 대답이 없었다. 아빠는 앞을 바라보며 시동을 걸었다. 차가 병원 주차장을 빠져나갈 때까지도 아무 말도 없었다. 라디오는 꺼져 있었고, 창문은 닫혀 있었다. 차 안, 우리 두 사람의 숨소리조차 멀게 느껴졌다. 도로가 낯설었다. 집으로 향하는 길이 아니었다. 뭔가 이상했다. 나는 조심스럽게 물었다.

"아빠… 지금 어디 가는 거야?"

 그제야 아빠가 입을 열었다.

"절에 간다."

 단호했다. 설명도 설득도 없이 던져진 말. 심장이 철렁 내려앉았다.

"절…? 왜 절에 가?"

 목소리가 떨렸다. 이미 불안은 눈앞까지 차오르고 있었다.

"넌 좀 쉬어야 해. 혼자 두면 또 무슨 짓을 할지 모르잖아."

 그 소리에 침묵했다. 하지만 속은 요동쳤다. 다시 정신병원과도 같은 공간에 갇힌다는 공포가 머리를 휘감았다. 계속 간절하게 애원하듯 말했다.

"아빠… 그냥 집에 가고 싶어. 집에 가면 안 돼?"

 아빠는 고개를 돌리지도 않았다. 그저 침묵만이 가득했다. 무거운 공기에 갑자기 숨이 막혔다. 차 안에서의 시간은 가시처럼 날카로워졌다.

"나 진짜 괜찮아졌어. 진짜야. 이제 안 그래. 혼자서도 잘할 수 있어."

 점점 조급해졌고, 말이 빨라졌다. 아빠는 여전히 침묵이었다. 차의 속도는 점점 빨라졌다. 결국 나는 참았던 울음을 터뜨렸다.

"집에 간다고! 안 가면… 택시 타고라도 갈 거야!"

 그 말에 아빠는 갑자기 손을 뻗어 내 품속에 있던 핸드폰을 빼앗았다. 유일하게 의지하던 연결선이 끊긴 느낌. 나는 패닉에 빠졌다.

"아빠 돌려줘! 핸드폰 돌려달라고! 내 가방도 건들지 마!"

 필사적으로 가방을 꼭 끌어안았다. 핸드폰까지 뺏긴 지금, 이 가방마저 잃으면 절로 끌려가는 길을 막을 아무런 힘도, 수단도 없어지는 것이었다. 그 순간 아빠는 한숨을 쉬며 말했다.

"절에 안 갈 거면 한강에 갈 거야. 같이 죽자."

 심장이 멎는 소리가 들렸다. 그 말이 농담이 아니라는 걸 본능적으로 알 수 있었다. 눈물이 그렁그렁해진 눈으로 대답했다.

"뭐? 무슨 소리야… 그럼 나 여기서 내릴 거야."

 그 순간 빠르게 달리는 차 문손잡이를 움켜잡았다. 잡자마자 아빠가 내 몸을 필사적으로 막았다. 그리고 핸들을 급히 꺾고, 근처 공원에 차를 세웠다. 공원 주차장에서 차는 정지했지만, 불안은 멈추지 않았다. 숨을 헐떡이며 차 문을 열고 뛰었다. 한밤중의 공원을 미친 듯이 달렸다. 아빠가 뒤에서 쫓아왔다.

"아린아! 돌아와! 제발!"

 나는 울면서 소리쳤다.

"싫어! 절에 안 갈 거야! 이제 혼자 있을 수 있어!"

 그때, 아빠가 내 손을 붙잡았다. 몸부림쳤지만, 그 두 손은 나를 꼭 끌어안았다. 잠시 정적이 흐른 후, 아빠는 떨리는 목소리로 말했다.

"…그래. 집에 가자. 이제 집에 가자."

 그제야 세상이 조용해졌다. 집에 가는 순간에도 아빠는 아무 말도 하지 않았다. 울지도 못하고 아무 말도 하지 못한 채, 다시 조용히 차에 탔다. 아빠의 옆자리에 앉자마자 나는 온몸이 굳어 있었고 마음은 텅 비어 있었다. 무엇이 잘못된 건지 어디서부터 어긋난 건지 그 순간에는 아무것도 알 수 없었다. 단지 아빠가 너무 무서웠고 미웠다. 어김없이 반복되는 침묵의 고요 속에서 창밖을 바라보며, 마음속으로 또다시 되뇌었다.

'이건… 아니었는데.'

그날 이후, 한동안 말을 하지 못했다. 아빠와 함께 집으로 돌아왔지만, 대화는 없었다. 아빠와는 침묵만이 머물렀고, 그 시간은 어쩌면 아빠에게도 나에게도 서로를 미워하지 않기 위한 침묵이었을지도 모른다. 오랜 시간을 무너진 채로 보냈다. 햇빛이 들어오는 창가에도 앉기 싫었고, 따뜻한 국물이 끓는 소리조차 위로가 되지 않았다. 아무 일도 하지 않았고 아무도 만나지 않았다. 그저 조용히 누워만 있었다. 이불을 덮고 가만히, 천장을 바라보다 눈을 감고 다시 떴다. 그러다 문득, 그날 아빠의 말이 떠올랐다.

"절에 안 갈 거면, 같이 죽자."

 그 말이 정확히 어떤 의미였던 것인지를 며칠이 지나고 나서야 온전히 이해할 수 있었다. 그건 분노의 말이 아니었다. 억지로 끌고 가려는 폭력이 아니었다. 그 말은 어쩌면 아빠의 절박한 외침이었다. 나를 살리고 싶었던 사람. 하지만 방법을 몰랐던 사람. 그래서 결국, 자신의 방식으로 붙잡으려 했던 사람. 그걸 너무 늦게 이해했다. 그때는 정말 싫었다. 무서웠고, 원망스러웠다. 하지만 지금은 안다. 그 후로 아빠는 나에게 단 한 번도 그날의 이야기를 꺼내지 않았다. 그리고 나 역시 그 침묵 속에서 조금씩, 아주 조금씩 아빠의 마음을 이해하게 되었다.

깨달음이라는 감정
성장통은 항상 아프다

아빠는 단지 나를 지키고 싶었다. 너무 단순하지만 절절한 그 마음. 말보다 행동으로, 눈빛보다 단호함으로. 아빠는 다시 평범했던 삶 쪽으로 이끌기 위해 절박한 방법을 택했다. 그날 밤 이후, 나는 침대에 누운 채 수없이 그 일들을 곱씹었다. 눈을 감으면 그 순간들이 또렷하게 떠올랐고, 꿈에서도 끝없이 반복됐다. 얼마나 많은 사람들에게 상처를 줬을까. 얼마나 많은 마음들이 무너졌을까. 나는 나 자신만 생각하며 어둠 속에 빠져 모든 걸 너무 쉽게 포기하려 했다. 그리고 살아남았다. 그것은 벌처럼 느껴졌다. 살아 있는 게 죄책감이 되어 가슴을 짓눌렀다. 그 무게 속에서 나도 모르게 하나의 생각이 내 안에서 들려왔다.

'넌 죽을 운명이 아니야.'

 낯설고 조용했고, 이상하리만치 단호하고 진심이 담긴 생각이었다. 그래, 정말 그런 걸까. 여러 번 시도했는데도 매번 누군가가 날 발견했고, 누군가는 날 붙잡았고 결국 다시 살아남았다. 이건 우연이 아니라 어쩌면 살아야만 하는 운명일지도 모른다는 생각이 머리를 스쳤다. 옆에는 늘 부모님이 있었고 내 이름을 울면서 부르던 친구들이 있었고 날 밤새 붙잡아주던 남자친구도 있었다. 그 모든 사랑이 있었는데도 왜 그렇게 외로웠을까?

'이제 그만해야 해.'

 마음속에서 무언가 무너지고 동시에 새로 자라나는 느낌이 들었다. 나도 살아가고 싶었다. 절실히 살아가고 싶어졌다. 다시는 그 어둡던 순간으로 돌아가고 싶지 않았다. 차가운 물 위에 떠 있던 내 마음이 따뜻한 햇살 아래 말라가고 있었다. 이제 용기를 내야 했다. 그날 나를 끌어안고 울지 못했던 아빠에게, 말하지 못했던 내 마음을 전하기로 결심했다. 그 마음을 어떻게 꺼내야 할지 몰라 열 번쯤 지우고 쓴 메시지를 손에 꼭 쥔 채, 조용히 숨을 들이쉬었다.

'아빠. 지금까지 집에서 쉬는 동안 많은 생각을 했어. 회사에서는 내 사정을 다 알고 치료가 먼저라고해서 이제 직장은 안 다니고 나 혼자만의 시간을 보내려고 해. 이번까지 여러번의 시도를 했는데 그때마다 주위 사람들은 생각 안 하고 오로지 나만 생각해서 벌인 일이라는 걸 알았어. 옆에서 날 제일 걱정하는 엄마와 아빠가 있는데 난 그것도 모르고 내 몸을 함부로 했어.

이토록 소중하고 예쁘게 키워준 나를 소중하게 대하지 않았다는 거에 대해 큰 후회를 하고 있어. 그리고 이젠 두 번 다시 주위 사람들을 상처 주는 일은 하지 않을 거야. 내 옆에는 날 소중하게 대해주고 엄마, 아빠만큼 날 생각하는 사람은 없으니까. 이제 깨달은 게 많아서 바보 같은 행동은 그만 멈추려고 해.

그때의 일은 진심으로 사과할게. 그냥 일상으로 돌아가서 쉬고 싶었나 봐. 집에 가면 모든 게 정상으로 돌아올 줄 알고 집에 가기만을 바랐어. 절에 가면 괜찮아질지 생각 안 하고, 그래서 걱정하고 불안해하는 아빠의 마음을 헤아리지 못한 거야. 하지만 절에 가지 않았더라도 이제 집에 혼자 있으면서 깊은 반성과 마음가짐을 다잡고 다시 원래의 나로 돌아가려고 해.

오늘은 약을 다시 받으러 병원에도 갈 거고 엄마가 헬스장 등록해줘서 내일부터는 운동도 다닐 거야. 그리고 회사도 그만뒀으니 당분간 오로지 나만의 시간을 보내고 책도 보고 책도 쓰고 많이 성장해 볼게.

지금까지 걱정 끼친 점에 대해서 아빠에게 상처 준 점도 너무나도 미안해. 두 번 다시 상처 주는 일 없을 거야.
 진심으로 정신 차리고 다시 밝았던 아린이로 살아 갈게. 엄마랑도 그만 싸우고, 친구들이랑도 잘 놀고, 혼자 충동적인 짓은 하지 않을 게. 그리고 병원 가서 이제 약도 끊고 싶다고 말하려고 해. 그동안 나 때문에 고생했어요. 아빠, 미안하고 사랑해.'

-사랑하는 딸이-

부모님이라는 존재
언제나 내 편은 부모님이었다.

보내기 버튼을 누른 후 한참을 가만히 있었다. 아빠는 바로 답장을 보내지 않았다. 몇 분, 몇 시간이 지나도록 아무 말이 없었다. 메시지를 읽었는지, 어떤 표정으로 보고 있는지 알 수 없었다. 그 침묵은 차라리 어떤 꾸중보다 더 무거운 시간이었지만 담담히 기다렸다. 언제라도, 아빠는 읽을 거라고 믿으며. 그리고 몇 시간 후, 메시지가 도착했다.

"아린아. 아빠는 너를 사랑해. 그리고 미안해. 정말 미안하다."

 그 짧은 답장을 읽는 순간 나도 모르게 눈물이 흘러내렸다. 울지 않으려고 했는데 마음속 쌓여 있던 감정이 그 한 문장에 무너져 내렸다. 그렇게 울면서도 마음 한편은 따뜻했다. 아빠는 여전히 나를 사랑하고 있었고, 여전히 곁에 있어 주고 있었다. 그날, 처음으로 아빠의 사랑을 조금은 온전히 이해할 수 있었다. 딸을 지키기 위해 무뚝뚝한 말을 하고 단호한 행동을 했던 그의 진심을. 이제는 더 이상 부모님께 상처 주지 않기로 다짐했다. 그날의 대화는 마음속 깊은 곳에 조용히 새겨졌다. 내가 다시 흔들릴 때마다 꺼내 볼 수 있는 단단한 다짐이 되었다.

 아빠의 말과 엄마의 걱정, 그 단순하지만, 절절했던 진심 앞에서 결국 멈춰 설 수밖에 없었다. 그간 지나온 모든 선택과 충동 그 안에서 부모님이 견뎌야 했던 고통을 되짚어보니 마음 한편이 너무나도 아려왔다. 나 하나 무너질까 노심초사하며 마음 졸였을 두 사람. 단 한 번 등을 돌리지 않고, 다시 일어설 때까지 묵묵히 기다려주던 부모님. 그들의 존재는 내가 감정을 극복할 수 있는 유일한 이유였다. 문득 생각했다. 어쩌면 지금껏 너무 많은 것을 당연하게 여긴 건 아닐까? 한없이 무너지던 순간마다 가장 먼저 달려와 주던 아빠. 어떤 말보다 따뜻하게 등을 토닥여주며 "아빠는 네 편이야"라고 말해주던 사람. 그리고 엄마. 표현은 서툴렀지만 언제나 가장 깊은 걱정을 마음에 담고 있었던 사람. 그들이 내 곁에 있었기에 항상 새로운 희망을 가질 수 있었다. 자식을 사랑하는 부모의 마음은 그 어떤 조건도 없다. 단지 살아있어 주는 것만으로도 감사하다는 마음을 이제는 가슴 깊이 이해할 수 있게 되었고, 이제는 내 삶이 나만의 것이 아니란 것을 깨달았다.

다시 살아가기로 결심한 이유는 단순하다. 나를 사랑해 주는 사람들이 있기 때문이다. 이제는 그들에게 보답하고 싶다. 말로 다할 수 없는 감사와 미안함을 조금이라도 덜어내기 위해 그들의 웃음을 다시 돌려드리기 위해, 나는 다시 밝았던 나로 돌아가고 싶다. 다시는 그 사랑을 외면하지 않을 것이다. 그 어떤 선택도 충동도 이제는 내 삶에서 지우고 싶다. 대신 매일매일 단단한 생각을 하고, 부모님께 자랑스러운 딸이 되고 싶은 마음뿐이다.

이제 조금씩 변하고 있다. 생각이 바뀌었고, 눈빛이 바뀌었고 살아가려는 태도가 바뀌었다. 더 이상 죽음을 상상하지 않는다. 대신 어떻게 살 것인가를 고민한다. 내일은 어떤 하루가 될지, 누굴 만나고 어떤 이야기를 나눌지를 기대한다. 그런 일상이 나를 조금씩 건강하게 만들고 있다. 앞으로 내 앞에 펼쳐질 날들이 모두 밝고 행복하기만 하진 않을 것이다. 때로는 또다시 힘들어질 때도 있을 것이다. 하지만 혼자가 아니다. 내 옆에는 나를 끝까지 지켜줄 사람들이 있다. 그 사실 하나만으로도 나는 더 이상 두렵지 않다. 그래서 오늘, 이 마음을 기억하기로 했다. 삶에서 가장 조용했던 시간들, 그리고 소란스러웠던 행동들. 그러나 동시에 많은 것들은 깨닫게 되었다. 한 사람의 무너짐과 회복, 그리고 끝내 자신을 다시 사랑하게 되는 새로운 여정.

 내 소망은, 단 한 사람의 마음에라도 작은 숨구멍 하나가 되어주는 것. 그거 하나다. 감정 연차가 필요한 사람들에게, 치유받은 내가 조용히 건네는 한 장의 연차 신청서처럼.

퇴원하고 집에서 쉬니
모든 게 평화로웠다.

다 먹은 약들 없이도 버텨진다니
이제 약이 없어도 내가 살 수 있다니
그야말로 보상받는 듯한 기분이었다.

그런데 그 보상은 너무도 작았다.

내 머릿속은 처음 겪어보는
어지러움과 싸우고 있었고
내 눈은 앞을 바라볼 때마다
0.1초씩 느리게 움직였고
내 코는 온갖 냄새를 맡으며, 구역질을 참아 냈고
약의 부재를 한꺼번에 겪고 있었다.

'안 돼, 무너지면 안 돼.
나 꼭 살아야 해.'

그래서 약과 함께 살아가기를 택했다.

어떤 날은 억울했고,
어떤 날은 수치스러웠고,
어떤 날은 그냥 눈물만 났지만,

#11

그래도
이 병은 약 없이 치유되지 않는다는 걸
나는 이제 안다.

그래, 이 병은 약 없이 치유되지 않는다.

6장

모든 것들은 떠나고 돌아온다

모든 것들은 떠나고 돌아온다
잘 지내보려고 했던 마음들과 시간들

침대 위에 누워 멍하니 천장을 바라보고 있었다. 아무 생각 없이 누워 있다가 고개를 잠깐 돌리자 문득, 무언가 이상하다는 걸 깨달았다. 늘 두고 먹던 투명한 약통이 비어 있는 것이었다. 순간 놀라 서랍 속을 뒤져보았다. 비상으로 남겨두었던 한두 개의 약들마저 온데간데없었다. 그 순간 머릿속이 얼어붙었다. '아, 그렇구나. 이번에도 약을 전부 털어 넣었구나.'

 이 사실을 깨닫고도 놀랍게 나는 담담했다. 마치 오래전부터 알고 있던 사실을 이제야 마주한 것처럼. 이렇게 끔찍한 상황을 너무 자연스럽게 받아들이고 있는 나 자신이 낯설었다. 하지만, 더 무서운 것은 내 몸이 생각보다 괜찮다는 착각이었다. 심장 박동도 정상적이었고 숨도 편하게 쉬어졌고, 정신도 너무나 또렷했다.

 며칠 동안 분명히 약 없이 버티고 있었다. 그런데 이렇게 몸이 멀쩡하다는 사실에 오히려 더 혼란스러워졌다. 나의 불안과 우울을 잡아주던 그 작은 알약들이 없어도 살아가고 있었다. 이상하리만큼 평온하고 고요하게. 그래서인지 나도 모르게 어리석은 생각을 했다.

 '이제 더 이상 약을 먹지 않아도 되는 게 아닐까?'

 약 없이도 웃을 수 있는 사람, 스스로 감정과 정신을 컨트롤할 수 있는 사람으로 돌아가고 싶었다. 적어도 한 번쯤은 나 자신을 지킬 수 있다는 걸 증명해 보이고 싶었다. 아니, 어쩌면 단지 더 이상 약을 먹지 않고 살아갈 수 있다는 믿음을 얻고 싶었던 건지도 모르겠다. 평범한 사람들처럼 아무런 약 없이 하루를 온전히 보내며 그렇게 살고 싶었다. 그렇게 난, 며칠간 약 없이 조용히 살아가 보기로 결심했다. 생각보다 어렵지 않았다. 오히려 해방된 기분마저 들었다. 이제는 약을 먹지 않아도 되는 사람이라고 내 자신을 믿으며 하루하루를 보내고 있었다. 하지만 그것도 잠시, 어느 순간부터 억눌러왔던 불안들이 서서히 꿈틀거리기 시작했다.

밤이 되면 두려움이 찾아왔다. 작은 소리에도 깜짝 놀라 잠에서 깨곤 했다. 어두운 방 안에 누워 있으면 어둠이 나를 압박하는 듯한 느낌에 숨이 막혔다. 그러면서도 나는 끝까지 인정하지 않았다. '괜찮아, 이 정도면 아무렇지 않아.' 그렇게 나를 속이면서 끝까지 약을 찾지 않았다. 그러던 어느 날 새벽, 결국 고통을 참지 못하고 침대 위에서 몸을 웅크리고 울었다. 약이 없으면 한순간도 버틸 수 없는 사람이었구나. 스스로 나아졌다고 믿었던 것이 착각에 불과했다는 현실이 가혹하게 느껴졌다. 짧은 희망조차 사라진 채 다시 제자리로 돌아왔다는 것이 비참해서 견딜 수 없었다. 마음은 다시 무너졌다. 나약하고 어리석은 내가 다시 나타난 것만 같았다. 약 없이는 단 하루도 버티지 못하는 사람이었다는 사실을 인정해야만 하는 현실이 너무 아프게 다가왔다. 그리고 그 아픔 속에서 깨달았다. 나에게는 아직 갈 길이 멀다는 것을. 아무리 노력해도 아직은 약의 도움을 받아야만 살아갈 수 있는 사람이었다는 것을.

솔직히 말하면 그건 '희망'이 아니라 '오만'이었다. 다시 한번 내가 감당하지 못할 위험한 선택을 또 하고 있었다. 정신과 약을 중단한다는 것은 단순히 '의지'만으로 해결할 수 있는 문제가 아니다. 약을 끊는다는 것은 불안정한 토대 위에 위태롭게 서 있는 나 자신을 그대로 방치하는 것과 다름없었다. 그럼에도 불구하고 고집스럽게 나 자신을 설득하고 있었다. 하지만 그건 스스로를 위로하기 위한 거짓말이었다. 그것이 거짓말이라는 걸 너무도 잘 알고 있었다. 마음 한구석에서는 '이번에도 안 될 거야'라는 작고 차가운 목소리가 끝없이 울려 퍼졌지만 귀를 막고 외면했다. 제발 이번만큼은 그 목소리가 틀렸기를 바라며 간절히 기도했다. 마치 처음부터 약 같은 건 필요 없었던 것처럼, 아주 오래전부터 원래 건강했던 사람인 양 착각에 빠지기도 했다.

'봐. 나는 이제 약 없이도 멀쩡히 살 수 있어.'

단약의 부작용
나의 단약은 너무나 무모하고 오만한 행동이었다.

그렇게 스스로의 착각과 오만을 인지하지 못하고 있었다. 나 자신을 속이며 버텨가던 어느 날, 갑자기 몸이 더 이상 말을 듣지 않았다. 오래 참아왔던 내 몸이 항의라도 하듯 극심한 불안감과 공포를 몰고 찾아왔다. 밤이면 잠이 오지 않았고 깊은 밤 혼자 깨어 천장을 바라보는 시간이 길어졌다. 그렇게 밝고 희망찼던 일상은 한순간에 다시 무너지고 있었다. 집을 나서기가 두려워졌고, 문을 열고 나서는 순간 숨이 막혀왔다. 길을 걷다 가슴이 답답해져 주저앉을 뻔한 적도 여러 번 있었다. 결국 더 이상 나 자신을 속일 수 없었다.

 약을 끊으려 했던 순간이 마치 꿈처럼 멀어졌다. 이제 다시 그 작고 투명한 약 봉투에 내 삶을 담아 살아가야만 했다. 그런 나 자신을 받아들이는 과정이 얼마나 아프고 슬픈 일인지. 그렇게 내 자존심이 무너져 내리는 걸 보며 또다시 울음을 터트렸다. 아직 준비되지 않았다. 하지만 살아가기 위해선 캡슐을 삼켜야 했다. 어느 날부터는 머릿속이 끊임없이 울렸다. 안에서 누군가 망치로 머리를 두드리는 듯한 끔찍한 진동이 느껴졌다. 가만히 누워있어도 머릿속이 웅웅거렸고, 머리를 벽에 부딪히기라도 한 듯 통증이 이어졌다. 이 고통이 언제쯤 끝날지 알 수 없었다.

 귀가 갑자기 맹맹해졌다. 사람들의 말소리가 에코처럼 울리며 왜곡되었고, 주변의 아주 작은 소리조차 날카롭게 귀를 찔러댔다. 머리가 지끈거리는 통증과 함께 작은 소음들이 날카로운 바늘로 내 귀를 꿰뚫었다. 잠시만이라도 조용한 곳으로 피하고 싶었지만, 그럴 수가 없었다. 침묵조차 공격하는 듯 느껴졌으니까. 결정적으로 최악이었던 건 지하철이었다. 평소 같으면 잘 맡지도 못하는 냄새가 갑자기 너무나 선명하고 강하게 몰려왔다. 출근길 지하철 안, 사람들로 가득 찬 좁은 공간에서 수많은 냄새가 한꺼번에 코를 찔렀다. 처음에는 단지 조금 불쾌했을 뿐이었다. 하지만 곧 모든 것이 엉망으로 뒤섞였다.

 사람들의 땀 냄새, 오래된 습기의 냄새, 먼지와 뒤섞인 퀴퀴한 냄새 그리고 누군가 과도하게 뿌린 향수 냄새가 내 몸속 깊은 곳까지 침투했다. 심지어 지하철 바닥에서 풍기는 청소 약품 냄새까지 선명히 느껴졌다. 그 모든 냄새는 강렬하고 끈질기게 내 호흡을 파고들었다. 코를 막고 싶었지만, 그럴 수도 없었다. 숨을 참으며 버텨보려 했지만, 그것도 오래 가지 못했다. 순간 숨이 막히기 시작했다. 폐가 조여오는 듯 가슴이 답답해졌고, 머리는 지끈거리며 심하게 흔들렸다. 급하게 내리려고 했지만, 지하철은 다음 역을 향해 달리고 있었다. 그 짧은 시간이 영원처럼 길게 느껴졌다. 숨을 제대로 쉴 수도 없었고, 머리가 터질 것처럼 아파왔다. 겨우 문이 열려, 역사 벽에 기대 숨을 고르며 주저앉았다. 사람들의 시선이 느껴졌지만, 그 순간에 체면을 신경 쓸 수 없었다. 그때 깨달았다. 얼마나 약해져 있었는지. 얼마나 아픈 상태였는지. 약을 끊으면 괜찮아질 거라고 믿었던 바람이 얼마나 어리석은 착각이었는지. 그 순간 너무나 명백히 깨달았다. 더이상 혼자 힘으로는 버틸 수 없었다

 집으로 돌아온 뒤에도 그 기억은 떠나지 않았다. 침대에 누워 눈을 감아도, 그 끔찍했던 순간들이 계속 되살아났다. 소리와 냄새가 여전히 괴롭히고 있는 것 같았다. 머리가 아프고 속이 울렁거려 제대로 먹지도 못하고 잠들 수도 없었다. 완전히 무너져 있었다. 다시 약을 먹어야 할지, 다시 병원으로 가야 할지 끝없는 고민이 머릿속을 맴돌았다. 누군가 지나가며 풍기는 향기 하나에도 나는 미칠 것 같았다. 그 냄새는 단순한 향기가 아니라, 나를 위협하는 칼날 같았다. 숨을 들이쉴 때마다 내 폐는 조각조각 찢겨나가는 듯했고, 심장이

두근거리는 게 아니라 마구 요동치는 느낌이었다.

 음식 냄새는 코를 찔렀고, 익숙하던 고소한 향조차 나에겐 고문 같았다. 도망치고 싶었다. 주방에서 풍겨오는 튀김 냄새, 식탁을 가로지르는 양념 냄새, 그것들은 하나같이 나를 무너뜨렸다. 나는 식당 한가운데 앉아 있으면서도, 세상의 중심에서 고립된 것처럼 외로웠다. 심지어 내가 애정 담아 입은 옷에서 나는 섬유유연제 향기조차 역겨웠다. 포근한 향이 아니라 구역질을 불러오는 불쾌한 냄새로 느껴졌다. 그 향이 내 코를 파고들 때마다 속이 울렁거렸다. 좋아했던 모든 것들마저 이제는 낯설고 두려운 감각으로 다가왔다.

"왜 이러지? 나 정말 이상해졌나 봐…"

 머릿속이 텅 빈 것 같았다. 생각도 흐릿했고, 감각은 날카로웠다. 머리가 울리고, 손끝은 저리고, 속은 매스꺼웠다. 이 세상에 속해 있는 사람이 아니라, 투명하게 떠다니는 유령이 된 기분이었다. 남자친구가 곁에 있었지만, 그 따뜻한 존재조차 희미하게 느껴졌다. 그의 목소리는 마치 유리 벽 너머에서 들리는 듯했고, 손을 뻗어도 닿지 않을 만큼 멀게만 느껴졌다.
 이게 단약의 부작용이라는 걸 알게 된 순간, 마지막 자존심도 사라졌다. 그날 밤, 처음으로 약이 나를 지켜주는 존재였다는 걸 인정했다. 다음날, 병원에 가기로 한 날이 되었다. 그동안 계속 먹었었던 그 약들이 다시 내 몸을 정리해 주기를, 다시 내 정신을 붙잡아주기를 간절히 바라면서. 눈을 감으며 속삭였다.

'괜찮아. 다시 처음부터 하면 돼. 이번엔 너무 빨랐던 것뿐이야…'

 그리고 병원에 갔다. 남자친구와 조용히 손을 잡고 함께 병원 문을 열었다. 대기실은 무표정한 사람들로 가득했고, 그 안에서 나는 그들과 다르지 않은 존재였다.

다시 병원으로 출근하는 날
내게는 선물 같았던 약 봉투

우리는 말없이 접수하고 대기실에 앉았다. 주치의 선생님을 기다리는 동안 한동안 멍하니 천장을 바라보았다. 내가 다시 이 자리에 있다는 사실이 믿기지 않으면서도 한편으로는 다행이라는 감정이 스쳤다. 때마침 내 이름이 불렸고 우리는 조용히 진료실 안으로 들어갔다. 주치의 선생님은 미소로 나를 맞이했다. 천천히 자리에 앉았고, 숨을 한번 깊게 들이쉬었다.

"잘 지내셨어요?"

 선생님의 부드러운 목소리가 방 안에 퍼졌다. 나는 고개를 천천히 저으며 말했다.

"아니요. 약을 끊었어요… 괜찮은 줄 알았는데 아니었어요. 너무 아팠어요."

 그 말을 내뱉는 순간 목이 메었다. 눈가가 뜨거워졌다. 애써 눈물을 삼키며 말을 이어갔다.

"다 괜찮아진 줄 알았거든요. 스스로 이겨냈다고 생각했는데… 그냥 착각하고 있었던 것 같아요."

 의사 선생님은 조용히 고개를 끄덕였다. 그 눈빛은 '괜찮아'라고 말하고 있는 것 같았다. 그 어떤 판단도, 질책도 없이. 그저 온기를 품고 있었다.

"아린씨. 단약은 반드시 천천히, 아주 서서히 해야 해요."

선생님은 조용히 말했다.

"우리 뇌는 마음보다 훨씬 느리게 회복하거든요. 조금 괜찮아졌다고 해서 약을 바로 끊으면, 뇌가 준비가 안 된 상태에서 감정이 무너질 수 있어요."

그 말을 듣고 나는 고개를 떨궜다.

"실패한 것 같아요. 이대로 괜찮아졌다고 믿었는데, 지금 보니까… 그냥 도망쳤던 거였어요."

"아니에요. 도망친 게 아니라, 스스로 회복을 확인하고 싶었던 거예요. 그건 굉장히 용기 있는 선택이었어요."

그 말을 듣자마자 눈물이 핑 돌았다.

"…지금은 어떻게 해야 할까요?"

"다시 약을 원래대로 복용하면서, 우선 마음부터 안정시켜야 해요. 감정의 파도는 누구에게나 찾아와요. 하지만 우리는 그 물결을 타는 법을 배워야 해요."

"…저, 다시 괜찮아질 수 있을까요?"

선생님은 미소를 지으며 고개를 끄덕였다.

"그럼요. 아린씨는 이미 수없이 무너졌고 그만큼 다시 일어났잖아요. 그게 바로 '회복'이라는 겁니다."

"우울증에 회복이 있나요?"

 선생님은 한동안 말이 없었다. 그 침묵은 불안이 아니라, 이해의 시간처럼 느껴졌다. 잠시 후, 선생님은 고개를 끄덕이며 말했다.

"그럼요. 그건 실패가 아니에요. 우울증 치료는 계단처럼 오르락내리락하는 길이에요. 한 번 내려갔다고 해서 지금까지 올라온 걸 부정할 필요는 없어요."

 숨을 내쉬었다. 그 말이 마음 깊은 곳에 가닿았다.

"하지만 또 무너졌잖아요. 그게 너무… 부끄럽고, 저 자신이 싫어요."

"그럴 수 있어요. 하지만요, 우울증은 감정의 병이 아니라, 뇌의 균형이 깨지는 생리적인 질환이에요. 슬퍼서 생기는 게 아니라 슬픔을 조절하는 기능이 약해져서 생기는 거예요."

"제가 약해서가 아니에요?"

"아니에요. 절대 아니에요. 정신력이 약한 게 아니라, 지금은 감정을 조절하는 회로가 잠시 휴식이 필요한 거예요. 약은 그 회로가 다시 안정될 때까지 도와주는 역할이고요."

 가만히 손을 모으고 듣고 있었다. 그의 말 하나하나가, 처음으로 내가 이상한 사람이 아니라는 느낌을 들게 했다. 선생님은 조용히 그러나 단호하게 말했다.

"우울증이란 병은요, 치료받아야 할 병이에요. 스스로 참고 이겨내는 병이 아니에요. 약을 먹고, 상담을 받고, 무엇보다 스스로에게 조금은 쉬어도 된다라는 허락을 주는 것. 그게 제일 중요해요."

"허락이요…?"

"네. 자기 자신에게요. 힘든 당신에게 하루쯤은 쉬어도 된다고 말해주세요. 그게 회복의 시작이에요."

목이 메어 고개를 끄덕였다.

"괜찮아질 수 있어요?"

조심스럽게 물었다. 선생님은 여전히 한결같은 부드러운 미소로 말했다.

"당연하죠. 그리고 지금 이렇게 다시 진료실에 온 것 자체가 이미 괜찮아지는 길 위에 있다는 뜻이에요."

조용히 숨을 쉬었다. 눈물은 멈췄고, 다시 따뜻해진 마음으로 진료실을 나왔다. 선생님의 말을 듣는 순간, 비로소 안도감이 밀려왔다. 내가 미친 게 아니었다. 그냥 내 뇌가, 내 감정이 약을 너무 갑작스럽게 잃은 거였다. 그 사실만으로도 숨통이 조금 트였다. 선생님은 나를 이상하게 보지 않았다. 오히려 그 말투에는 공감과 이해가 담겨 있었다. 나는 이번에도 혼자가 아니었다. 이 길을 걷는 사람 중 하나일 뿐이었다.

마음의 무게가 가벼워진 기분이었다. 일단 나는 약을 끊는 대신 약을 줄이기로 했다. 아침 약은 없애고 저녁 약만 남기기로 했다. 그 결정 하나가 내겐 커다란 안도감으로 다가왔다. '그래. 이렇게 차근차근 줄여나가는 거지.' 속으로 그렇게 되뇌었다. 이제는 안다. 모든 회복에는 순서가 있다는걸. 무작정 달려들어선 안 된다는 걸. 아프지 않기 위해 하는 행동이 오히려 더 아프게 만들 수도 있다. 그걸 세 번의 무너짐으로 배웠다. 그리고 이번에도. 사람은 완벽하게 회복되는 존재가 아니라는 것을.

 병원을 나서며 손에 쥐어진 새 처방전이 왠지 모르게 다정하게 느껴졌고, 함께 걸어 나오는 남자친구의 손이 그 어느 때보다 따뜻하게 느껴졌다. 나는 이제 약을 먹으며 살아가는 사람이라는 걸 인정하기로 했다. 그게 부끄러운 일이 아니라, 나를 살리는 일이라는 걸 이제는 마음속 깊이 알게 되었다. 집에 돌아온 후 나는 다시 평소의 리듬대로 하루를 정리했다.

 이 싸움은 끝난 게 아니라, 아직 진행 중이다. 때로는 넘어지고, 아프고, 무너지기도 하겠지만 중요한 건 그럴 때마다 일어나는 것이다. 나는 약이 필요하다. 그리고 그건 부끄러운 일이 아니다. 약은 나를 망치기 위한 게 아니라, 살아 있게 하기 위한 것이다. 지금도 살아있고, 앞으로도 살아갈 것이다. 그리고 언젠가 약 없이도 나를 온전히 품을 수 있는 날이 오기를, 그날까지 조금 더 천천히 걸어가기로 결심했다.

치유는 거창한 게 아니었다.

기적처럼 모든 게 회복되고
한순간에 행복해지는 일이 아니라,
무너지지 않고 하루를 버텨내는 거.
눈을 떴는데 숨이 붙어 있는 거.
밥 한 숟갈 삼킬 수 있는 거.
샤워를 하고, 창문을 열고, 햇빛을 맞는 거.

그게 전부다.

하지만 그 전부가 지금 나에겐
믿을 수 없는 기적이었다.

사람들이 말했다. 이제 괜찮냐고.
그럴 땐 그냥 고개만 끄덕인다.

괜찮은 게 뭔지도
모르겠는 날들이니까.

그래도 예전과 달라진 게 있다면
이제는 나도
내가 조금은 괜찮아지길 바란다는 것이다.

예전에 나는 살고 싶지 않았고
죽고 싶다는 말만 반복했는데

#12

이제는 살고 싶다는 말이
입술 안에서 자꾸 맴돈다.

소리 내서 말하지 않아도
그 마음이 나를 살게 한다.

치유는 아무도 모르게 찾아온다.

비로소 내 안에
작은 숨결이 자라고 있다는 걸

나는 이제
천천히 알아가고 있다.

햇볕을 따라서
사소한 매일은 사실 희망이었고

책상 앞에 앉아 글을 쓰기 시작했다. 조용한 방 안, 아무 소리도 들리지 않는 공간 속에서 손끝으로 단어를 하나씩 적어 내려갔다. 이렇게 문장을 쓰고 있다는 사실이 이상하게도 벅차올랐다. 아무것도 하지 못했던 날들이 있었다. 아무 말도 할 수 없었던 날, 그저 어둠 속에 갇혀 숨죽이며 지나가기를 바랐던 밤들. 그 밤들에 묻혀 있던 내가, 지금 이렇게 문장을 쓰고 있다.

 물론 지금도 나는 완벽하지 않다. 여전히 불안한 날도 있고, 작은 말 한마디에도 쉽게 무너질 때도 있다. 약이 없으면 견디기 힘든 날도 있고, 사람들의 시선이 두려워 스스로를 감추고 싶을 때도 있다. 하지만 그럼에도 살아가고 있다. 숨을 쉬고 있고, 감정을 느끼고 있고, 누군가의 안부에 마음이 흔들리고, 또 어떤 날엔 웃기도 한다. 그런 내가, 이렇게 살아 있는 내가, 꽤 괜찮은 사람일지도 모른다고 느끼게 되었다.

 오늘도 그렇게 또 하루가 저물었다. 해가 지는 창밖의 풍경을 바라보다 문득 '오늘을 견딘 나'를 스스로 토닥여주고 싶었다. 아무 일도 하지 않았지만 살아 있었고, 아무에게도 말하지 못했지만, 마음속으로 수천 번 외쳐댔던 말들을 다 삼키며 지나온 하루였으니까. 모든 건 서두르지 않아도 된다. 울어도 괜찮고, 멈춰도 괜찮고, 넘어져도 괜찮다. 나 자신에게 그렇게 말하며 오늘도 살아간다. 천천히, 아주 천천히.

 아이스크림을 들고 걷는 길. 햇살은 따뜻하고, 바람은 봄 냄새를 품고 있다. 내가 살아 있다는 사실이, 이렇게도 벅찰 수 있구나. 한때는 '숨 쉬는 것'조차 버거웠는데, 이제는 그 숨이 고마워서 눈물이 난다. 언젠가는 어두운 밤 속, 내가 적은 이야기가 작은 빛이 되기를 바란다. 이제야 스스로를 조금씩 돌보기 시작했다. 누구의 눈치도 보지 않고, 어떤 책임도 짊어지지 않은 채 그저 '살아 있는 나'에게 집중하고 있다. 하루에 한 끼라도 따뜻한 음식을 해 먹는 것. 햇살 좋은 날이면 베란다를 열고 바람을 느끼는 것. 그게 다였다. 놀랍게도 그 작은 행동들이 내 마음을 천천히 그러면서도 분명하게 바꿔놓기 시작했다.

한동안 손도 대지 않았던 거울을 들여다보고 머리를 단정하게 정리하고, 새로운 옷도 사고, 운동을 하러 밖에 나가고. 그렇게 여러 리듬으로 삶이 다시 시작되고 있었다. 남자친구는 내 옆에 여전히 있어 주며 가끔은 나를 웃게 만들고 가끔은 귀찮을 정도로 걱정해 주었다. 그 모든 것들이 말로는 다 표현할 수 없을 만큼 고맙게 느껴지곤 했다. 부모님과도 맛있는 저녁을 먹으며, 스쳐 지나가는 작은 대화들 사이에 행복을 느꼈다. 어느 날엔 무기력함에 벗어나기 위해 혼자 밖에 나가 먹고 싶었던 밥을 먹고, 분위기 좋은 카페에 들어가 책을 읽었다.

"참 괜찮네. 이것도 나쁘지 않네."

그런 생각이 들었다. 어느덧 나는 웃고 있었다. 그리고 문득 그렇게 웃고 있는 내 얼굴을 스스로 알아보았다. 정말 오랜만에 '나를 좋아할 수 있을지도 모른다'는 마음이 들었다. 다른 날에는, 내 방 안으로 스미는 햇볕이 너무 따뜻하고 부드러워서 왠지 모르게 마음이 움직였다. 날씨가 따뜻하고 화사해서 창밖을 오래 바라보곤 했는데 그날은 이상하게도, 단순히 바라보는 것만으론 부족하다는 기분이 들었다. 그래서 그날은 강아지에게 다가가 조용히 말을 걸었다.

"우리, 옥상 갈까?"

 강아지는 꼬리를 흔들며 나와 눈을 맞췄다. 그 모습이 정말 사랑스러웠다. 그리고 처음으로 옥상으로 올라갔다. 아무도 없는, 적막하고 평화로운 옥상. 도심의 소음이 아주 멀리에서 들리는 그곳은 마치 세상과 단절된 작은 천국 같았다. 따스한 햇살은 나를 위해 준비된 이불처럼 가만히 내 어깨 위에 내려앉았고, 신기하게도 그 햇살 속에 있자니 내 마음도 천천히 풀어졌다. 강아지는 자유롭게 뛰어다녔다. 강아지가 나를 쳐다보며 같이 놀자는 듯 발을 구르고 있어 어쩔 수 없이, 강아지와 함께 웃으며 따라 뛰었다. 햇살 아래서 우리는 그저 놀았다. 뛰고, 멈추고, 숨을 고르고, 웃고. 그 짧은 순간이 믿기지 않을 만큼 모두 소중했다.

'아, 이렇게 사는 거구나.'
'이게 행복이었구나.'

 그렇게 말하지 않아도, 이 순간은 내게 분명히 말해주고 있었다. 아무 이유 없이 기분이 좋은 날. 아무 설명 없이 웃게 되는 순간. 그날의 햇빛, 그날의 바람, 그리고 내 곁에 머물러 준 작은 생명. 이 순간을 왠지 평생 잊지 못할 것 같았다. 왠지 그럴 것만 같았다.

사랑하는 회사에서 퇴사했다
언제나 사랑하는 것들은 이별이 찾아오기 마련이다.

정말 소중하게 여기던 회사를 떠나게 되었다. 매일 아침 설레는 마음으로 출근했고, 팀원들과 나누던 사소한 대화는 내게는 삶의 이유였다. 내 자리에 앉아 커피를 마시며 문서를 펼치던 일상이 그렇게 소중한 줄 예전엔 미처 몰랐다. 그리고 그 평범했던 일상의 끝은 아주 조용하고도, 너무나 다급한 응급실이었다. 그렇게 사랑하던 회사는 그날 이후 더 이상 내 삶의 중심이 아니게 되었다. 회사에 가지 않은 날들이 이어졌고, 병가 기간이 길어지면서 나 역시 내 상태를 부정할 수 없게 되었다. 실장님과 팀장님은 끝까지 기다려주셨다. "괜찮아지면 천천히 다시 이야기해요." 그 한마디가 그때의 나에겐 얼마나 큰 위로였는지 모른다.

 하지만 시간은 흐르고, 나는 알 수 있었다. 당장은 다시 그 자리에 앉을 수 없다는 사실을. 그래서 조용히 회사에 마지막 인사를 드리러 갔다. 엘리베이터를 타면서 가슴이 저릿해졌고 사무실 문을 여는 순간, 사무실 공기부터가 낯설게 느껴졌다. 그 낯섦 속에서 여전히 반갑게 맞아주는 동료들이 있었고, 그 따뜻함에 울컥했다. 팀원들과 조용히 인사를 나누고 하나하나 정리해 둔 책상 위의 물건들을 상자에 담으며 무언가를 천천히 떠나보내는 연습을 했다.

 마지막까지 웃으면서 배웅해 준 팀장님의 눈빛 속에는 '수고했어요, 정말 잘했어요.'라는 마음이 담겨 있었다. 그 말을 굳이 듣지 않아도 마음으로 다 전해 들을 수 있었다. 회사를 나서는 발걸음이 떨어지지 않았다. 그렇게도 들어오고 싶었던 곳이었고 그렇게도 소중했던 직장이었는데, 내가 이렇게 걸어 나가고 있다는 사실이 허무하게 느껴졌다. 하지만 모든 일에는 때가 있다. 그리고 떠나는 것이 끝이 아니라는 걸 안다. 여기에서 정말 많은 것을 배웠다. 단순한 업

무만이 아닌 사람을 대하는 법, 책임을 지는 자세, 그리고 무엇보다 나 스스로를 소중히 여기는 법, 누군가의 기대에 부응하느라 자신을 밀어붙이면 결국 무너진다는 것을 여기에서 배우고 깨달았다.

 퇴사를 한 건 단지 회사를 그만둔 것이 아니라, 내게 더 맞는 삶의 형태를 찾아가는 과정이었다. 그래서 회사를 미련으로 기억하지 않는다. 오히려 감사로 기억한다. 다시 일어설 수 있을 만큼 충분한 시간을 줬던 곳. 퇴사 후에도 여전히 연락을 주고받는 팀장님, 회식 때 함께 웃었던 동료들, 나를 진심으로 걱정해 주었던 사소한 말들이 다 기억난다. 가끔은 커피를 마시다 문득 그 사무실의 분위기가 떠오르기도 하고, 바쁜 점심시간 거리를 걷다가 회사 근처 식당 간판이 보이면 마음 한쪽이 살짝 아려 오기도 한다. 하지만 이제는 그 감정조차 소중하다. 그리고 무엇보다, 내가 얼마나 다시 살아가고 싶어 했는지 그 일을 다시 할 수 있을 만큼 회복되길 바랐던 내 마음을 너무도 분명히 기억하고 있다.

 이제는 나는 그때처럼 불안한 사람이 아니다. 지금의 나는 나를 지키기 위해 스스로 조절할 줄 아는 사람이고, 무너지기 전에 멈추는 법을 배운 사람이고, 어떤 실패가 다시 와도 그것을 받아들이는 여유도 갖춘 사람이다. 회사는 내게 그 사실을 일깨워준 고마운 첫 번째 사회였고, 지금도 그 인연을 잊지 않고 있다. 나는 퇴사했지만, 사람과 사람의 연결은 여전히 이어지고 있고, 그 시절을 공유했던 사람들이 내 기억 속에 남아 있는 한 절대 혼자가 아니라는 걸 안다.

 집에서 혼자 자유롭게 쉴 수 있는 몸이 되었다. 회사도 내려놓았고, 카페도 더 이상 내 삶을 지배하지 않으며, 응급실도 이젠 내 일상이 아니다. 마음 한편은 여전히 텅 빈 것처럼 시리지만, 앞으로 그 공간을 채워보려고 한다. 아주 천천히, 아주 조심스럽게. 모든 걸 잃지 않기 위해서. 그동안 하지 못했던 것들을 하나하나 해보려 한다. 남들이 보면 사소한 일처럼 보일 수도 있는 일들. 쇼핑몰을 다시 정리하고, 키링을 만들고, 그립톡과 핸드폰 케이스를 꾸미는 일들.

 처음 이 일들을 시작할 때를 생각하면 참 순수했다. 누가 시켜서도 아니고, 누군가에게 잘 보이고 싶어서도 아니었다. 그저 좋아서. 비즈를 고르고, 색을 조합하고, 작은 파츠를 붙일 때마다 손끝에 집중되던 그 고요한 평화. 그때 비로소 내 안에 머물 수 있었고, 외부의 어떤 소음도 그 순간만큼은 들리지 않았다.

 그리고 또 하나, 아주 오랜 시간 나를 살게 해준 일. 글쓰기. 다시 글을 쓰기로 했다. 한참 동안 정신없이 무너지고 있을 때는 글을 쓸 마음도, 쓰고 싶다는 생각조차 들지 않았다. 살아야겠다는 본능만이 내 하루를 겨우 지탱할 뿐이었으니까.

 하지만 지금은 다르다. 마음을 글로 써 내려가며 정리할 수 있다는 것이 참 다행이라는 생각이 든다. 이렇게 문장을 써 내려가고 지난 감정을 돌아보며 단어로 꺼내 놓을 수 있다는 것만으로도, 여전히 살아있다는 걸 실감한다. 이제 나는 나를 지킬 것이다. 내 사람들을 지킬 것이다. 엄마와 아빠, 나를 사랑해 준 남자친구, 그리고 내 손을 잡아주었던 친구들. 그들의 마음을 더는 상처 내지 않기 위해서라도 이제, 그 어떤 유혹에도 무너지지 않기로 했다. 물론 완전히 회복된 건 아니다. 때때로 흔들리고, 고요한 밤이면 다시 울컥해지는 마음도 있지만, 그런 나조차도 안아줄 수 있는 사람이 되기로 했다. 글들이 언젠가 누군가에게 닿기를 바란다. 늪에서 길을 잃고 있는 누군가에게,

'괜찮아, 너는 살아 있어'

라는 말을 대신 건네줄 수 있기를. 누구나 괜찮아질 수 있고, 그 고통은 지나간다는 걸 알려줄 수 있기를. 언젠가 스스로를 다 포기하려 했던 내가 이렇게 다시 일어났듯, 그들도 일어설 수 있다는 것을 보여주고 싶다. 나는 이제, 진짜 나로 살아갈 준비가 되었다. 사람이 완전히 무너지기 직전, 누군가의 말 한마디에 울었던 순간들과 감정이 조용히 결근을 선언한 아침들. 그리고 아주 천천히, 감정이 다시 돌아오던 날들에 대한 이야기를 남겨두기로 했다.

남들은 시간이 해결해 준다고 한다. 이 순간은 쉽게 지나갈 것이라고 말하며, 우울증 없는 사람은 없다며 누구나 버티고 있는 것이라며 쉽게 말하곤 한다. 하지만 자연스레 해결되는 건 없기에, 우리가 살아가기 위해선 잘 자고, 잘 먹고, 잘 쉬는 것. 소중한 무언가가 생겨나는 것. 자기 자신을 마음껏 사랑할 수 있는 마음이 돋아나는 것. 정말 어려운 일이겠지만, 살아가면서 꼭 필요한 마음들이다.

에필로그

덜 살아가는 중일지라도,
이렇게 글을 쓰며 오늘을 버텼다.
이 기록이 곧 내가 아직 끝나지 않았다는 증거다.
어둠 속에서도 희미하게 깜빡이는 불빛처럼,
이 문장이 나를,
그리고 언젠가 누군가를 잠시라도 밝혀주길.

책을 마치며.

 지금껏 살아온 일상들이 다분히 어지럽고 힘겨운 언어들로 남아있어, 책을 읽는 모든 분들에게 이 어려움을 넘겨주는 것만 같아 걱정이 되기도 합니다.
 하지만, 그럼에도 이젠 정직한 저로 살고 싶습니다.

 아플 때도, 행복하고 슬프고 기쁠 때도. 글을 적어내는 건 저의 일상과도 같았던 날들이었답니다.

 곁에 있어 주어 너무나 감사드리며, 이만 책을 마칩니다.
 감사합니다.

오늘은 감정 연차 쓰겠습니다

1판 1쇄	2025년 10월 28일

지은이　　아린
편집　　　준
디자인　　옥수빈

펴낸 곳　　이음서가
출판등록　　제 024-000058호
주소　　　　서울 중구 퇴계로41길 31, 502호
전화　　　　070-7798-1157
이메일　　　connect@ieumseoga.com
ISBN　　　 979-11-995261-0-5 (04810)
　　　　　　979-11-991733-6-1 (세트)
가격　　　　15,000원

* 이 책의 내용을 무단복제 하는 것은 저작권법에 의해 금지되어 있습니다.

* 이 책의 내용의 전부 또는 일부를 재사용하려면 지은이와 발행처를 통해 저작자의 동의를 받아야 합니다.

* 파본이나 잘못된 곳은 구입하신 곳에서 교환하여 드립니다.